観身のある話と、
尾崎世界観
歯に詰まるワタシ

朝日新聞出版

尾崎世界観
身のある話と、歯に詰まるワタシ

朝日新聞出版

小説を書くことでやっと

×加藤シゲアキ

両足で立てた

「守りつつ攻める」×神田伯山ということ

（45）

書くことは削ること、

×最果タヒ

(77)

諦めることと

善人にも悪人にもなれない生きづらさ

×金原ひとみ

痛みに強い人ほど、

×那須川天心

試合では強くない

選ばれることと、

×尾野真千子

選ぶこと

言葉が先にあるから、

×椎木知仁

（197）

真似できない

あとがき

（228）

×加藤シゲアキ

加藤さんと話したことを、誰かに話したくなった。思ったことを声に出さず手軽に発信できるようになった今、それを直接「誰かに話したくなる」ということが大事だと思う。思わず声に出して伝えずにはいられないような気持ちになる。それこそが、広く万人に届く条件だと思う。静かに大きくて、強い。そんな「誰かに話したくなる」方と話せたことがうれしかった。

小説へ向かうまで

尾崎　加藤さんはアイドルや俳優といった活動と並行して小説を書き続けていますが、そのモチベーションを保てるのは、やっぱり核があるからなんですか？

加藤　小説を書き始めたのは二十三歳からなんですけど、華々しく見えるジャニーズの世界とその時の自分がちょっと乖離《かいり》しているように感じていたんです。事務所に小学六年生で入って、高校生でNEWSとしてデビューしたものの、すぐにはうまくいかなかった。進学していくうちに、自分がやっていることと好きなこと、やりたいことが少しずつ離れていると感じるようになりました。それは当たり前のことかもしれないですが、十代後半から二十代前半までは、キラキラしたものが求められる自分と、本当の自分はこんなんじゃない、もっと汚いしこんなに苦しんでると思っている自分に悩んでましたね。そうしたなかで、自分で作品をつくる人に対して憧れが強くなっていったんです。自分ひとりでどこまで形にできるんだろうと、写真もやったし、絵もやってみました。結果的にですが、本が向いていたのかなと思います。

尾崎　加藤さんの小説には、友達との関係が描かれていることが多いですよね。ジャニーズに入ったことで、同級生と距離を感じるようなことがあったんでしょうか。

加藤　小さい時は親の転勤が多くて、友達と仲良くなっては離れてということを繰り返していました。それは一つの原体験になっていると思います。ジャニーズもデビューするまではいろんな人とペアやチームを組まされるんですね。その過程で、一緒にやっていた仲間が徐々に自分の後ろで踊るようになる。そのことに対して優越感より罪悪感が強かったですね。自分より歌もダンスもうまい人がなぜ自分の後ろにいるんだろう、何も持っていない自分がなぜここにいるんだろう。そういう気持ちで騙《だま》しだましやっていたんですけど、やっぱり誰かに指摘されるんですよね。デビューした際、あるスタッフにこう言われたのが印象に残っています。「みんなの足を引っ張るなよ」。事実と直面するという意味ではいい経験だったけど、やっぱり心が痛かったです。十代後半の頃はそういう経験がたくさんありました。そしてそれが指標になってしまう。自分が前に出ても「加藤よりも後ろで踊ってるメンバーの方がファン多いのに」という雰囲気になってしまう。確かにファンの数というのはわかりやすい指標ではある。でも、表現って、数字だけではないですよね。

尾崎　ライブ後にそれを突きつけられるのは、ちょっとしんどいですよね。

加藤　みんなはそういう気持ちを爽やかにクリアしていたんだろうけど、僕は割り切れなかったんですよね。高校生の頃から、爽やかなものより、どぎつい小説や映画が好きだったんです。こんな立場で言っていいのかわからないけど、キラキラした恋愛映画なんて全然観に行かなかったんです。その頃だったら『ダンサー・イン・ザ・ダーク』が大好きでした。

尾崎 僕と加藤さんはほぼ同世代なので、おそらく同じ頃だと思うんですけど、恵比寿ガーデンプレイスで開催されていた野外上映イベントで『ダンサー・イン・ザ・ダーク』を観ました。夏休みの夜、二十一時頃にあのラストシーンを観て「これ、なんでここで上映したんだよ！」と思った記憶があります（笑）。

加藤 そういう映画じゃないですもんね（笑）。

尾崎 そういう作品が好きな自分を隠していたところはありますか？

加藤 隠していたわけではないけど、自分の嗜好《しこう》はキラキラしたものに対するカウンター的な意味合いもあったし、自分がそちら側の人間になれなかったがゆえの羨望《せんぼう》もあったと思います。

ずっと劣等感があった

尾崎　でも、ジャニーズから離れるという気持ちもなかったんですよね。

加藤　いや、ゼロではなかったです。NEWSはデビューした時にメンバーが九人いて、その頃のジャニーズでは一番人数が多いグループだったから、「キャラが散る」と言われていたんです。足を引っ張っていることを自覚していたし、自分さえいなければこの人たちはもっと輝けるんじゃないかという劣等感がずっとありました。だからみんなのために僕はやめるべきなんじゃないかと考えてしまった時期がありました。

尾崎　デビュー以降の友人関係はどうでしたか？

加藤　デビューした頃はものすごく忙しかったので、友達とは学校でしか会えなくなりました。すると、話せるテーマがなくなっていくんです。いつも一緒にいた友達が知らないうちにダンスを始めていたり、クラスの女の子と付き合い始めていたり。そういうことを後から知らされるから、置いてきぼりになっている寂しさみたいなものはありました。

尾崎　でも相手からしたら、自分たちの方が加藤さんに追いつきたくても追いつけないという気持ちがあったのかもしれませんね。

加藤 どうなんですかね。ジャニーズになりたいと思っていた友達はいなかった気がするなあ。逆に友達のダンスの練習を見ていてあんなふうに踊りたいなと思っていました。

尾崎 深夜に駅前で踊っている人たちがいますよね。僕はダンスに詳しくはないので、これは想像なのですが、あの場面を見ているとなんだか羨《うらや》ましくなるんです。僕はバンドを始めた時、学校の友達とではなく地元の友達と組んで、大人ぶってライブハウスに出ていたんです。そのことに優越感を持ってはいたけれど、やっぱり学校の友達と組みたい気持ちもあって、軽音楽部の人たちに憧れを持っていました。結果と同じぐらい人とのつながりも求めていて。それに、ライブハウスに出るとノルマがあるんです。高校生でも四万八千円ぐらいかかるので、バイト代が全部ノルマに消えてしまうんです。

加藤 でも僕からすると、尾崎さんのような人に憧れを抱くんです。『祐介』を読んですごく共感したし、劣等感や鬱屈した思いをエネルギーに変えるという共通点はあったけど、結局、僕はバイトもしたことがないし、ずっと恵まれた場所にいた。そのことに申し訳なくなるし、リアルで体験している人に対する羨ましさがありました。

尾崎 それはきっと、バイトをしながら活動していても同じことを思うんでしょうね。どこにいても納得できない気持ちは僕にもあります。今がいちばん悔しいと思っているし。

加藤 え、そうなんですか？

尾崎 結果が出てバイトをやめられたらゴールだと思っていたけれど、全然そうじゃなかったんです。バンドが大きくなればなるほど、同じだけ、ちゃんと悔しさも大きくなりました。

加藤 それは何に対する悔しさなんでしょう？

尾崎 今の時代、多くのバンドがピークを越えると飽きられて、新しいバンドに抜かれていきます。でも、それをしょうがないことだと納得はできないんですよね。キリがないということはこの一、二年でわかってきたけれど、割り切ることもできない。だから必死に努力をして少しでも理想に近付くしかないと思います。

加藤 CDの枚数ですか？ それともハコの大きさですか？

尾崎 どっちもありますね。でも今はCDというものの価値観が揺らいでいるから、あまり数字が当てにならない部分もあります。あと、ロックフェスでは、ステージの大きさで明確に現状を突きつけられる。大きいステージでやらせてもらうと、それだけ他のバンドのお客さんも入ってくるんです。次のバンドの出番待ちの人だっている。無関心な視線こそ、強く印象に残る。もっと頑張らないといけないという気持ちになります。

加藤 僕らにはそういう場ってあんまりないんです。唯一、年末の『ジャニーズカウントダウンライブ』だけは全員が入り乱れる。普段はみんな僕らのファンだけど、違うファンがいるという環境は、楽しい半面、独特な雰囲気を感じます。

尾崎 そうですよね。でもジャニーズのファンの方は好意的に応援してくれるんじゃないですか?

加藤 そうですね、でも僕が目の前にいるのに全然違う方を見ている、ということはしょっちゅうあります。ちょっと悔しいんですけど、そういう感覚は本を書く上ですごく役に立ちますね。

尾崎 僕は、次に出るアイドルを待っているお客さんとケンカになったことがあります。しつこく野次《やじ》をとばしてくるから我慢できなくなって、「お前、何なんだよ?」と一対一でやりあってしまって。その場が凍り付くのがわかりました。ライブがまったく盛り上がらなくなって、情けないけれど、たったひとりのお客さんとのやりとりで完全に自滅してしまいました。でも最近は、納得がいかないことはちゃんと小説にしようという気持ちになりますね。それはネットの掲示板に書くということとはまったく質が違うと思っていて、小説に落とし込めた時は、なんというか、勝てた気がします。

加藤　それ、すごくわかります。原稿にできれば受けた感情は表現として形に残せて、それがお金にもなるから、「俺を怒らせるということは、お前は俺に金を与えていることなんだぞ」と思う（笑）。

尾崎　そういう意味では、小説はすごく自由な表現ですよね。行き過ぎても咎《とが》められない。加藤さんはジャニーズとして活動されているので、バンドマンに比べれば制限があると思いますけど、小説のなかには制限がないですよね。性描写もかなり踏み込んでいるし。その代わり、書き上げるまでには体力と技術が必要じゃないですか。

加藤　体力はかなり必要ですね。ジャニーズの活動が不自由だと思ったことはなくて、むしろその経験がいろんな感情を連れてきてくれるので創作へのエネルギーが膨らむんですけど、やはり責任も伴いますよね。だから小説の自由さはありがたいし、とてもやりがいを感じます。でも同時に、小説を書くことは本当に孤独な作業だなと思います。

尾崎　砂漠のように何もないところでやっていくしかないですからね。

加藤　いろんな思いや意味を込めて小説を書いているのに表面しか読み取ってもらえないと、ちょっと寂しい気持ちになることもありますね。

『ピンクとグレー』と『祐介』

尾崎　『ピンクとグレー』は、設定としては珍しいけれど、加藤さんにとっては日常というか、『祐介』と同じく下積み時代の話ですよね。

加藤　そうですね。『ピンクとグレー』と『祐介』は結末も近しいところがありますよね。それがすごく面白いと思いました。でも、僕の場合はもう少し打算的だったと思います。やっぱり、ジャニーズのタレントが小説を書いたら当然舐《な》められると思っていたので、入り口は私小説っぽくして、実はそれが全部フリだったという、すごくいろんなところに対して挑発的な気持ちで書いたものでした。尾崎さんは『祐介』を書く際、細かくストーリーを考えていましたか？

尾崎　何も考えず、とにかく足元の土をすこしずつ掘るように書いていましたね。

加藤　『祐介』の最初の章は衝撃でした。語り手自身の話だと思って読んでいたら、まさか友達の話だったとは。

尾崎　そこだけは考えていました。僕も舐められないように、わざと一回スカそうと思っていたんです。

加藤 あれはいいスカしでしたね。気持ち良かった。

尾崎 あの部分は編集者の方と何度もやり取りをしたんです。「これはいらないんじゃないですか?」「いや、絶対にないとダメなんです」と。でも、どうしても、ちょっとイキがってシャツのボタンを外すようなことをやりたかったんです。

加藤 どれくらいの期間で書き上げたんですか?

尾崎 一年以上かかりました。

加藤 そうですよね。そういう作品だなと思いました。身を削って書いてらっしゃるのが伝わってきます。

尾崎 今もそうなんですけど、四年ほど前から、歌おうとすると首の筋肉が固まってうまく声が出せなくなる病気に罹《かか》っていて。特に症状がひどかったのが『祐介』を書いていた時期だったんです。季節は夏で、週末はいろんなフェスに出ていたんですけど、全然うまく歌えなくて。やめておけばいいのに Twitter で「尾崎　声」「尾崎　調子」「尾崎　歌」というワードで検索してしまうんです。案の定、たくさん悪い意見が書かれていて。それは受け止めないといけないけれど、やっぱり落ち込んでしまう。月曜から金曜までは家で『祐介』を書いて、土日のフェスではまたボロボロになってという生活をしていました。表現は止めたくない、でも声が出ない。だから書くしかない。

バンドメンバーもその時はどうしていいかわからないという感じでしたね。ボーカルが歌えないことをわかっていながら野外フェスの大きいステージで演奏するのはどんな気持ちなんだろうと思うと、本当に申し訳なくて。

加藤 書いている時は、ボーカリストとしての苦悩がありながら、書くという苦悩がもう一つ乗っかるわけですよね。

尾崎 そうですね。でも、痛みで痛みを麻痺《まひ》させるような感覚がありました。書く苦しみより歌えない苦しみの方が大きくて、とにかく音楽に対する苦しみから逃れたかった。それに、小説を書けないことはある意味で当たり前だったので。加藤さんが『ピンクとグレー』を書いた時はどうでしたか？　短期間で書かれたんですよね。

加藤 初稿は一カ月半くらいでした。ちょうど、NEWSのメンバーが六人から四人になるという、もっとも大胆にメンバー構成が変わろうとしていた時期で。しかもその情報はまだ世に出てはいなかった。再スタートを切ろうとするタイミングで、どうしても自分で何かの形を残したかったし、お恥ずかしながら仕事もあまりなかったので、やることがそれしかないというタイミングだった。もしかしたら尾崎さんと状況が似ていたのかもしれないですね。二月の半ばに書き始めて、半分ほど書いた頃、3・11が起きました。

尾崎　東日本大震災ですね。

加藤　アイドルの自分がこんな時にこんなに暗い話を書いたら、誰かを傷付けてしまうんじゃないか。そういう葛藤があったけど、それでも加藤が頑張って作品を書いたということに励まされる人がいてくれたら——そう自分に言い聞かせて書き続けました。思っていたよりもたくさんの人が面白がってくれて、おかげでその後も書き続けることになるんですけど、初めて小説を書いた頃の気持ちにはもう戻れないんですよね。三作目の『Burn. －バーン－』という作品では、あえて苦しみにいくように初期衝動を再現しながら書くことに挑戦しました。でも、やっぱり届かない。

尾崎　僕は3・11の頃はまだメジャーデビューもできていなかったので、中途半端な立場でした。音楽に頼ることもできないし、音楽で誰かを助けることもできない。みんな誰かにすがっていたし、世に出ている表現者たちは誰かを助けようとしていたのに、自分は何者でもなかった。それがすごく悔しくて、この気持ちを絶対に忘れないでおこうと強く思いました。

加藤　僕らのグループも厳しい局面に立たされている時で、リリースもなければライブの予定もなくて、その後どうするか話し合いを重ねている時期でした。自分のことでも精いっぱいだった時期ですね。僕は小さい頃に大阪に住んでいて、阪神・淡路大震災も経験しているんです。あの頃、チャリティー活動の一環としてJ-FRIENDSというジャニーズのチームが結成されました。震災当時の小学一年生が義務教育を終了するまで続けるというプロジェクトで、僕もちょうど小学一年生だったから、その対象として先輩たちの背中を見ていたわけです。自分がジャニーズに入って逆の立場になって、今度は自分がアクションする番だという責任も感じていました。3・11の時は自分も本当に厳しい状況にいたので、今の自分に何ができるのだろうと、苦しんでいました。人生において忘れることのできない、とても重要な時期です。

お互いの原体験

尾崎 僕も、何度もバンドメンバーの脱退を経験しているので、少しわかる気がします。メンバーがやめることが決まっているなかでやるライブは最悪でした。何もモチベーションがないし、後退している感覚になります。

加藤 そういう時、自分が悪かったという気持ちになりましたか？

尾崎 そう思ったら負けだと思っていました。自分を変えたらもっとダメになると思って。

加藤　強いなぁ……。

尾崎　『祐介』に書いたように、ある時、ライブ当日にメンバーがこなかったことがあったんです。主催者に「自分ひとりでもやらせてください」と言ったら「バンドじゃないとイベントが成り立たないから、お金だけ払って帰ってくれ」と言われて。それで貯金をおろしてノルマを払って……。あの頃は、本当にどうしたらいいのかわからない時期でした。

加藤　そのメンバーたちとはそれ以来会っていないんですか？

尾崎　それが、いまだにライブを観にきてくれるんですよね（笑）。

加藤　（笑）。それでも続けてこられたのは、表現に対してのエネルギーが相当強かったからなんでしょうね。

尾崎　できなくて悔しいと思えたのが音楽だけだったんです。ボクシングジムに行ってみたり、手当たり次第に何か新しい表現をやってみたり、いろんなことに挑戦したけれどうまくいかなかった。音楽もうまくいかなかったけれど、音楽だけはちゃんと悔しかったんです。音楽って、上手くなくてもそれが個性になって成立するじゃないですか。変に受け皿が大きいせいか、なかなかやめられなかったんですよね。

加藤　歌で褒められた原体験があったんですか？

尾崎　高校生の時に初めてやったライブがそうでした。地元のライブハウスに友達がたくさんきてくれて、すごく盛り上がって、お客さん同士が仲良くなったりもして。みんながこんなふうに楽しそうにしてくれるのはうれしいと、何かいいことをしたような気持ちになったんですね。あの体験が今でも忘れられないんです。加藤さんの原体験はどうですか？

加藤　僕はそういう原体験がもうわからなくなっていたんです。でもＮＥＷＳが四人になってもう一度やり直した時は、生まれ変わったように感じました。僕たちは恵まれた環境からポッと出てきたので、周りに人がいることが当たり前だと感じていたんですよね。

尾崎　じゃあ、加藤さんの場合は普通と逆なんですね。売れてから下積みをするという。でも、その方がきついですよね。だって、筋トレや練習をしないでそのまま試合をさせられているようなものじゃないですか。

加藤　変な話、デビューしてこの先は安定していくと思っていたんです。だから生活水準を下げた方がいいかもしれないだとか、一人暮らしをやめて実家に帰った方がいいかもしれないだとか、そういう可能性を考えたことが一度もなかった。それはとても無責任なことで、そのことに気付けたのは自分にとって大きな変化でした。

尾崎　今の話は、最初に立てたＣＤの売り上げ目標を一日ごとに下方修正していく時の悔しさや焦りに似ていると思いました。ＣＤの売り上げは加藤さんも気にしますか？

加藤　もちろん気にします。やっぱり後輩に負けたくないですし。でも心のなかで「いや、あのグループとは人数が違うからな。一人当たりの枚数を考えたらそりゃそうなる」というかっこ悪い言い訳を考えてしまうんです。「ＮＥＷＳオワコンだよね」とか言われるとめちゃめちゃ腹立つし。

尾崎　わかります。かっこ悪い言い訳をして自分を納得させようとするのは浅ましい感情だけれど、その感情の使い道として小説は向いていますよね。そうした感情を人物や物語に反映させる。だから登場人物は全部自分でもある。小説を書くことは「実は自分はこういう人間なんです」という告白に近いと思います。

リアルよりリアリティー

尾崎　加藤さんの小説を読んでいると、どんな物語を伝えようとしているのかが明確に伝わってきます。当たり前かもしれないけれど、とてもサービス精神がある。僕は『祐介』

を書いた時、そういったことはまったく考えていませんでした。ただ自分の傷を見せて、それをなすりつけてやろうという気持ちでした。そうやって、自分の存在をわかってほしいというワガママだけで書いていました。

加藤 『ピンクとグレー』の時は、僕も尾崎さんが今おっしゃったような感じでした。ただ、もしかしたら、傷の見せ方にもサービス精神が出てしまっていたかもしれない。

尾崎 それは加藤さんの癖なんですか？

加藤 ジャニーズなんだなと思います。嵐の大野くんが絵を描いているんですけど、彼も似たようなことを言っていて、「どうしても面白くしてしまう」と。サービス精神が染み付いて出口がエンタメになることは悪くないけど、書く時の衝動やタネがブレることだけは避けたい。書いていると、売れてほしいという気持ちも出てくるし、たくさんの人に読まれてナンボだということにも気付いてくるので、そのせめぎ合いというか。

尾崎 加藤さんは、純文学的な手法からミステリー、ＳＦまで、幅広く書かれていますよね。短編集『傘をもたない蟻たちは』に収録されていた「イガヌの雨」という作品がすごく好きでした。

加藤 うれしいです。あの時、ニホンウナギが国際自然保護連合（ＩＵＣＮ）のレッドリスト（絶滅危惧種ＩＢ）に加えられたんですよね。絶滅するかもしれないと言われているのに、みんないつも通り土用の丑《うし》でウナギを食べている。それってどういうことなんだろうと。欲望には勝てないということなのか？　でも、自分がウナギを食べることを控えたところで何も変わらないし。そう考えていて、「じゃあ、もし宇宙人を食べられるとしたら？」と思いついて書き始めたものでした。イガヌ（IGANU）はウナギの逆読みなんです。

尾崎　ああ、なるほど！

加藤　それまで小説を三作書いていたので、違う書き方にチャレンジしたかったんです。プロットも早くできました。

尾崎　いつもプロットを考えてから書きますか？

加藤　年々そうなってきました。プロットを考えずに書いた作品もいくつかあって、たとえば『傘をもたない蟻たちは』で言えば「染色」や「にべもなく、よるべもなく」のように純文学的なアプローチを取りたかった作品はプロットを書いていません。設定が必要な作品の場合は必ずプロットから書きます。『チュベローズで待ってる』は、かなり綿密にプロットをつくり込みました。

尾崎　ホストクラブに取材はしたんですか？

加藤　取材はしていないです。取材をすると書き込み過ぎてしまうかなと思ったんです。あの作品においてホストクラブは入り口でしかなかったし、ホストクラブに行ったことのない読者の方がきっと多いですよね。リアリティーを確保できればいいので、リアルはいらないと思ったんです。むしろ、現実にいそうにないホストを登場させた方が面白いんじゃないかと。だから執筆段階では歌舞伎町にすら行っていなくて、発売イベントの時に初めて行きました。

尾崎　『チュベローズで待ってる』はどんどん読ませる作品で、所々に秀逸な比喩もちりばめられていて、悔しくなりました。やることをしっかりやった上で、自分が展開したいストーリーをじっくり見せていると感じました。

加藤　ありがとうございます。一つひとつの文章と全体のストーリーという二つの要素が必要だから、小説は、いい食材でうまい料理をつくるようなものだとつくづく思います。

尾崎　伝えたいことって、小説のなかでは飛び飛びじゃないですか。全部の行にあるのではなくて、伝えたいことと伝えたいことのあいだには距離がある。その二つの点を歩いて行かなければならなくて、けして飛行機や新幹線で行くことはできない。それがすごくしんどいんですよね。

加藤　そう、それがしんどいんですよね。「この部分、面白いのかなあ」と思いながら書く

尾崎 箇所もある。でもそれがないと次の地点にたどり着かない。でも優れた小説家の作品は、全部の行にそれが詰まっているのかもしれないですね。いつかその域に達したいです。

小説は相手の方を振り返らなければいけない

加藤 小説を書きながら曲を書く場合、まったく違うテーマで書けるものですか？　そもそも音楽って、タイアップがあれば別かもしれませんけど、どこからつくり始めるんでしょう。

尾崎 音楽の場合は、まずテーマを決めるんです。一つのモチーフをモノに絡めて歌詞を書き始めることが多いので。僕はタイアップがあった方が曲をつくりやすいですね。ある程度不自由な方が気合も入ります。

加藤 僕も短編小説を書く場合はそうで、テーマを与えられた方が書きやすいですね。尾崎さんは曲先《きょくせん》（※歌詞ではなく曲から先につくるタイプ）ですか？

尾崎 曲からですね。型を決めて、その型に言葉を流し込むイメージです。だから、メロディーの感覚で文字数もだいたい決まってくる。クロスワードパズルに近い気がします。

加藤　メンバーの演奏に対して「その弾き方じゃないんだよなあ」と思うこともあるんですか。

尾崎　もちろんあります。それがバンドの良さだとも思っているんですけど、だんだん、不満はなくなってしまいますね。成熟してしまったがゆえの悩みというか。昔の音源では明らかに音がぶつかったりしているんですけど、正解がわからないままやっていた頃の感覚は大事だと思っていて。一度正解を知ってしまったら、その前の状態には二度と戻れない。次からは自然とその正解に向かうし、あえて外しても、それはそれで嘘《うそ》になってしまう。

加藤　じゃあ、小説の方が制限がないから、アウトプットするまでに時間がかかりそうですね。

尾崎　そうですね。今はどうしても歌詞のような文章になってしまうのが悩みです。

加藤　小説の文章を歌詞みたいだと思うことがあるんですか？

尾崎　人にそう言われてショックを受けたことがあります。作詞の文字数が染み付いていて、自分ではしっかり書いているつもりでも、説明や描写が足りなくて伝わらないことがあるんですね。

加藤　考えてみれば、音楽には声やメロディーがあって、描写がそこで補完されますもんね。

尾崎　そうなんです。音楽が相手の方を振り返らなくてもついてきてもらえる表現だとすれば、小説は読んでいる人の方を何度も振り返らなければいけない表現だと最近気付きました。

加藤　なるほど。確かに、読者をどうリードして読ませていくかは大事なポイントですね。

読者は育っていく

尾崎　小説を書く経験を重ねていくなかで、書き方においては何がいちばん変わりましたか?

加藤　うーん、効率が良くなってしまうところですね。何かをやりながら小説を書くので、どうしても短時間で書く方法を考えてしまうんです。『ピンクとグレー』の時は迷いながら書いていたので、次の文を書くまでの道がすごく遠かったんです。でも書いていくうちに、まさにパズルみたいに道筋が見えるようになるんですよね。そしてやがて、本当にこのパズルでいいのかということを疑わなくなってしまう。効率良くいろんなものを削ぎ落としていくと、すらすら読めるけど何も残らない文章になってしまいます。書けば書くほどうまくなるけど、小手先でこなしていなかった頃の感覚は薄まっていく。そうして結局、過去を追い続けることになる。どのジャンルの作品でもそうだろうけど、一作目は他人との比較で済むんです。でも二作目以降は自分の作品と比較される。当然、過去の自分を超えたいと思うんだけど、超えたいという意識自体が、すでに過去の自分に引っ張られている。

尾崎 その作品の売り上げは前の作品の評価だ、とよく言われますよね。だから、今の作品の評価を知るためには次の作品をつくるしかない。一作書いてやめる人も多いなか、書き続けている加藤さんのことを本当に尊敬します。

加藤 そういえば、初めて書店まわりをした時、「書き続けないと応援できません」と言われたのが印象的でした。

尾崎 すごいですね（笑）。その書店員さんは「ふーん、ジャニーズの加藤シゲアキが小説ねえ……」という感じだったんでしょうか。

加藤 「今回は面白かったけど、ずっと棚には置けません。また新作を出したら、その時に一緒に置けますから」と。強気だなあと思ったけど、その通りなんですよね。それまではレコード店まわりもしたことがなかったから、ようやく当たり前のことをやれたんだという感じがしています。

尾崎 そういう意味で『ピンクとグレー』は加藤さんにとって、本当に初めて自分一人でつくり上げた作品だったんですね。ちなみに、レコーディングはどんな感じでやっているんですか？

加藤 それぞれがやりたいことを言い始めると偏ってしまうので、プロデューサーに一任しています。出てきたものに対して僕らがアイデアを加えていくことはあるけど、どちらかと言えば、衣装や見せ方の面で僕らが入ることの方が多いです。アルバムのソロ曲は個人の思いが強いですが、それ以外の音楽面では、僕らは完全に素材に徹しています。

尾崎 じゃあ小説を書いた時、なおさら自分の作品に愛着を感じたでしょうね。

加藤 面白かったのは、アイドルのファンのなかには本を読まない人もたくさんいるんですけど、徐々に読者として育っていくんですよね。『傘をもたない蟻たちは』で性描写をした時、自分としては「舐めんなよ」「どうだ」という気持ちで書いていたけど、「シゲこんなもん？　もっといけるでしょ？」という感想があった。

尾崎 ファンのみなさんが強くなっていってるんですね。

加藤 そう、僕より強くなってる（笑）。「そうか、もっとやっていいんだな」という学びになりました。だからファンに対して気を使うことはなくなって、今では僕が読者に育てられているという感覚がはっきりとあります。

尾崎 僕は『祐介』を買った高校生が「せっかくのお小遣いでこんな本買うんじゃなかった。本当に悔しい」とTwitterでつぶやいていたことが印象的でした。もちろん悔しかったし申し訳なく思ったけれど、これで、クリープハイプを好きでいてくれている人に「俺はこんな人間なんだよ」とやっと伝えられた気がしました。

加藤 僕は、レビューで星を一つしか付けてくれなかった人のコメントはよく見ています。でもそういう人って、すべての作品に同じコメントを書いてたりするんですよね。お前、絶対読んでないだろうと（笑）。

尾崎 ネット等のレビューは僕も見ますけど、印象的な批判は少ないですよね。「図書館で三カ月も待って読んだのに、大したことなかった」というコメントがあって、そんなに待つ気持ちがあるなら買ってくれよと思いました（笑）。だからこそ、Twitterでつぶやいていた高校生のコメントはしっかり受け止めて、もっと頑張ろうと思います。

加藤 そもそも批評されることが少ないんですよね。もっとちゃんとダメ出しされたい。どこがどうダメだったのか。

尾崎 なかなか批評してもらえない悔しさは、僕にも強くあります。だけど同時に、みんな小説家としてデビューするために苦労をしているのに、自分はバンドをやっていたからこんなチャンスをもらえたんだ、という引け目もあります。

加藤　尾崎さんはどういう経緯でデビューされたんでしたっけ？

尾崎　知り合いに文藝春秋の編集者の方を紹介してもらって、その方から依頼を受けました。

加藤　僕もまさにそういう感じで、一回も文学賞を受賞していないのに書いているから、申し訳ない気持ちがあります。

尾崎　文学賞はほしいですか？

加藤　あればわかりやすいとは思います。今のところ、ありがたいことに依頼が途絶えていないから書き続けることができているけど、もし文学賞があれば、もう一盛り上がりあってわかりやすく売れるだろうし。そうしたらいろんな人に恩返しもできる。でも、文学賞にノミネートされたら、選考委員の方全員の選評が出てしまうから怖いですよね。選評のなかにはかなり厳しい意見もある。

尾崎　ある方は、評価しなかった作品については何も書かないですよね。あの沈黙が怖い。

加藤　確かに、あの場で触れられないことは逆に怖いですね。書評や評論という仕事は本当に重要だと思います。僕はラジオでライムスター宇多丸さんの映画評論を聴いて映画の面白さを知りました。それが自分の小説にすごく生かされていると感じます。今は

尾崎 評論家があまり目立たない時代かもしれないけど、すごく大事ですよね。映画や小説を鑑賞するためには、ある程度まとまった時間が必要だし、解説されないとわからない部分もありますからね。音楽より小説や映画の方が、評論の持つ役割が重要な気がします。

小説を書くことでやっと両足で立てた

尾崎 ライブの時は、やっぱり自分のことを俯瞰《ふかん》で見ているんですか?

加藤 俯瞰で見ていることも多かったんですけど、最近ようやく主観で見られるようになりました。昔から「加藤は客観視できるからな」とよく言われていて、自分は一歩引いて周りを見ながら判断する人間だと思っていたけど、それってなんだか、前に出て戦っていないみたいだなと思うようになって。だとしたらすごくかっこ悪い。だから、アイドルをやっている時も、小説を書いている時のような気持ちで突っ込んでいくことが増えました。

尾崎 昔より今の方が主観が強くなっているというのは面白い話ですね。

加藤　小説を書いたことによって歌やダンスが疎《おろそ》かになっていくと、「ああ、加藤は小説書いてるからね」と言われるわけです。でも僕としては、書くことを他のジャニーズの仕事と同列に捉えている。

尾崎　作家かアイドルかの二択ではない、ということですよね。

加藤　小説を書いているのに歌とダンスが面白くなっている、と思われたい。でも無理に両立させようとすると小説がつまらなくなってしまうのかもしれないという危惧はありますけど。

尾崎　いや、そんなことはないと思いますよ。僕もよく二足のわらじを履いていると言われますけど、小説を書き始めたことでバランスが良くなったと思っています。音楽だけやっていた頃は片足で立っている感覚でした。両方やることで重心が安定して、やっと両足で立てたような気がします。加藤さんの話を聞いていると、根底には劣等感があって、それが創作の原動力になっていますよね。それは、いつどのようにして生まれたと思いますか。

加藤　小学校一年生の頃、突然学校の友達みんなに無視されたことがありました。今考えてみれば僕が偉そうにしていたからなんですけど、当時は理由がわからなくて。ある時、ひとりの友達がこっそり僕のところにきて、「嫌われてるんだよ」って囁《ささや》いたんです。

その時初めて、人に嫌われることがあるんだということに気付きました。それからは、どうやったら人に好かれるかばかりを考えていました。大阪から横浜に転校した時は、わざと関西弁を強めにしてキャラを出したり、ちょっと変な奴を演じたりしていました。

尾崎 なるほど。もしかしたら、それが加藤さんのサービス精神の強さにつながっているのかもしれませんね。

加藤 そうかもしれません。それから、運動神経が鈍かったのでスポーツでも目立てないし、塾に行ってもさらに勉強ができる人がいました。自分は一番になれないという気持ちがすごくありましたね。

尾崎 僕も、徒競走の時はビリにならないことだけを考えていました。一番を目指すのではなく、ビリにならないように頑張るという姿勢は、今でも染み付いていると思います。

加藤 わかるなあ……。僕もいまだに最下位になりたくない、傷付きたくないという気持ちはあります。

ノーマルコンプレックスを抱えている

尾崎　加藤さんの小説には、どの作品にも家族のモチーフが強く出ていますよね。

加藤　僕はひとりっ子なので、ケンカができなかったんです。そのせいなのか、すぐに怒れなくなってしまって。相手が怒っても「どうして今怒っているんだろう」と考えて受け止めてしまうんです。そうしているうちに怒るタイミングを逃してしまって、後から腹が立ってくる。だから家に帰ってから、鏡の前で、その人を想像しながら鏡の中の自分と議論し合うことがよくありました。お風呂でもひとりで落語みたいにしゃべったりして。

尾崎　上下《かみしも》をつけるわけですね（笑）。加藤さんは落語もお好きなんですよね。フジテレビの『旅する落語』で加藤さんの落語を拝見して、不思議な話だと思いました。あれは創作ですよね？

加藤　そうです。千原《ちはら》ジュニアさんと箱根でロケをして、その時のエピソードを落語にするという番組ですね。落語は描写がない会話劇なので説明が多くなってしまうんですけど、あまり説明しすぎると野暮《やぼ》ったくなってしまう。

尾崎 あれだけのものを自分で書いたというのは本当にすごいです。ご両親とは仲がいいんですか？

加藤 今も昔も仲はいいですね。家庭は円満で、恵まれた環境で育ちました。下積みの話がそうでしたけど、僕はノーマルコンプレックスを抱えていて。平坦《へいたん》な人生を過ごしてきたことに引け目を感じているんです。ただ、両親は共働きだったので、ひとりでいる時間が長かったから寂しい気持ちはありました。父が僕を早く自立させたかったみたいで、小さい頃から自分の部屋が用意されていたんです。でもやっぱり寂しいから、夜中こっそり母親の布団にもぐりこんで寝るような子どもでした。よく考えれば、父は少し変わっていたかもしれません。小学四年生の頃に性教育もされましたし。

尾崎 え⁉

加藤 当時は何を言っているのか理解できなかったけど、人がどうやったら生まれるのかという説明を受けました。のちに保健体育の授業中に「ああ、あの時このことを言ってたんだ」と納得しましたね。

尾崎 それは結構変わっていると思いますよ。こっちは、勝手に父親の本棚の奥から大人向けのビデオを取って見ていました（笑）。

加藤 逆に僕は中学か高校の頃に、親父に渡されたこともありました。

尾崎　えー！

加藤　そういう親だったので、仲はいいけど、ある意味変わった家庭のような気もしますね。

尾崎　すごいです。でも今となってはなんかいい話に思えますね（笑）。

加藤　両親はすごく僕を尊重してくれる人たちで。今では小説も毎回読んで面白いと言ってくれます。特に父親にとっては、その世代だとジャニーズのことはよくわからないので、むしろ小説の方がしっくりくるのかもしれない。性教育の話は、母親が台所で料理をしている時にされたんですよね。お母さん、あの時どんな気持ちで野菜を切っていたんだろう……。

尾崎　加藤さん、自分でノーマルコンプレックスと言っているけれど、全然平坦ではないですよ（笑）。

加藤　わかりやすくないからあまり言わないけど、話せば出てくるもんですね（笑）。

（二〇一八年四月、東京・築地にて）

×神田伯山

＊対談時は「神田松之丞」

言葉に愛されている人だ。声と間《ま》を使ってここまで人を惹《ひ》きつけられるのは、言葉に愛されているからだ。一時間半止まらずに話していて、ただただこっちが気持ち良くなってしまった。毒の裏にある優しさと、優しさの裏に見える寂しさ。その真ん中に確かな芸があって、そこに強く惹かれる。

松之丞 僕は音楽業界には疎いんですけど、クリープハイプが今めちゃくちゃ調子いいということはわかります。ただ、まわりから聞くのと実際に本人から聞くのとではたぶん違うと思ったんです。だからこの対談では、お互いの近況について話してみたいです。

尾崎 どんどん新しいバンドが出てきて抜かれていって、いつも悔しい思いをしていますね……。

松之丞 そうなんですか？　でも尾崎さんが「調子いいですね！」って言ってる姿はあんまり見たくなかったので（笑）、そういう謙虚さというか、客観性があって常に危機感があるところが尾崎さんらしくていいなと思います。

尾崎 松之丞さんは現在のご自身をどう見ていますか？　外から見ていると、過去最高に注目されているという印象です。

松之丞 売れると芸が良くなると思っていたんですけど、結局、そんなの全然関係ないんだなということに最近気付きました。確かに地方でもお客様はきてくれるようになりました。でも、どんどんイラ立ってくるんです。まわりの評価と自分の意識が乖離《かいり》していく感覚がある。尾崎さんくらい売れてしまうと、そういう感覚ってなくなるんでしょうか？

尾崎 売れていません（笑）。いや、ありますね。今日はダメだったと思うライブもあるし、

松之丞　そういう時に褒められても、その言葉を疑ってしまいます。「良かったよ」としか言われなくなる状況って嫌ですよね。で、裏でいろいろ言われるという。でも尾崎さんクラスになるとヨイショ野郎しかいなくなるんじゃないですか？　僕は落語家の某師匠が好きなんですけど、以前、楽屋に勉強に行った時、公演後に次から次へとお偉いさんや関係者や芸能人がやってきて、「いやあ師匠、今日素晴らしかったです」ってみんな口をそろえて言うんです。だけどその日の某師匠はあまり調子が良くなかったし、そのことを本人もわかっていた。もちろん師匠も言葉を受け、流しているんですけど、あんなふうにイエスマンばかりになる状況はキツイなあと思っていました。売れるということは、こんな芸もわからないやつらに囲まれるのかと。

尾崎　最近では「神田松之丞っていいよね」と言っておけば自分のセンスが認められる、という風潮を感じます。このあいだテレビを観ていたら、ある番組で「コンテンツ全部見男vs.情報だけ知ってる男」というのがあって、そのなかで「神田松之丞って知ってる？」というくだりがありました。それくらい、今、松之丞さんを知っていることがある種のステータスになっているんだと思います。

松之丞　オードリーの若林正恭さんがMCをされている『犬も食わない』ですね。ありがたいです。でも、自分としては最終的に高座しかないと思っているんです。それはきっと尾崎さんも同じですよね。今ヒットしていても、一年後、二年後どうなっているかわからない。また新しくいい作品を出さなければいけないという危機感があると思います。

尾崎 松之丞さんは、今でも新たなネタを覚え続けているんですか？

松之丞 もちろんです。それがないと不安ですし。でも僕は元からあるものをリライトしているので、完全にオリジナルなものを生み出している尾崎さんとは苦しみの種類が違うと思うんですよ。そこには敬意しかないですね。

尾崎 新しいネタは、師匠から教わるんですか？

松之丞 師匠からも教わるし、他の先生方にも教わりますね。以前は新作もやっていたんですけど、自分には才能がなかったから諦めたんです。身近に才能がある同期や先輩がいたし。

尾崎 瀧川鯉八《たきがわこいはち》さんでしょうか。

松之丞 そうですね。そういうなかで、自分の勝負する世界がそこじゃないと悟った。ああいう天才がいるなら、とてもかなわないですよ。僕が元々やりたいのは古典だったということもあるけど、彼らのおかげで、素人が手を出せるもんじゃないとわかった。それですぐ引き返しましたね。

尾崎 もう新作には、あまり未練がないんですか？

松之丞 全然ないです。そこでやりたいことはもうやったし。だから尾崎さんを見て思うのは、逃げ場がないということ。

尾崎 逃げ場もないけれど、正解がない難しさもあるんですよね。中学生の時に初めて曲をつくってからずっと「これって曲になってるのかな？」という曖昧《あいまい》な気持ちを抱えたまま続けているんです。正直、実感がなくてふわっとしたまま今日に至っている。ライブをやればお客さんはきてくれるけれど、もっと売れている人もいるし、今の状況を悔しいと言って「謙遜してる」と思われることも悔しい。ずっと中途半端なところにいるなと感じています。「なんで認められないんだろう」と思うけれど、そもそも万人に伝わることをやっているわけではない。でも「クリープハイプいいよね」と言われても「本当にわかってくれてるのか」という気持ちも少なからずある。やっていることと思っていることがちょっとズレているんですけど、できればもっと広く伝わってほしいと思っています。

松之丞 僕は素人なので率直に聞いちゃいますけど、作詞や作曲の能力が伸びている感じはあるんですか？

尾崎 バンドの演奏力やアレンジ力は上がっているんですけど、作詞作曲はどうでしょう……。

最近はあえて曲をつくらないようにしていて、もう半年くらい一曲もつくっていないんです。自分の音楽人生でそういう期間を設けるのは初めてのことで、不安もあるけれど、どこかでつくるタイミングが絶対にくると思っているので、今はそれを待っています。その時に的確にぶつけて、ものすごい曲をつくりたいと思っています。

松之丞 なるほど、ちょっとタメてるんですね。

尾崎 そうですね。ライブはたくさんやっているので音楽にはいつも触れているし、その分、他の仕事をいろいろやって外に出て行こうと考えています。

松之丞さんのラジオは音楽的

松之丞 僕、最近自分の感性が劣化し始めているなと感じてるんです。テレビをほとんど観なくなったから、新しい情報が入ってこなくて、代わりに週刊誌を読むようにしました。手当たり次第買って読んでるんですけど、これが、余計に感性を劣化させるんですよ。週刊誌って、ほとんどヤクザと女しか出てこない。もっともそれは『週刊実話』だけかもしれないですけど（笑）。

尾崎　（笑）。

松之丞　たぶん五十代から六十代の男性をターゲットにしていると思うんですけど、漫画もほとんどエロなんですよね。こういうものを読むことに対して十代の頃は違和感を抱いていたし、その違和感は今でも少しあるんだけど、こういった世界に自分がちょっと近づいている感覚があるんです。麻痺し始めてるんですね。尾崎さんはきっと日常を繊細に生きている人だから、意識して感性の劣化に抗《あらが》っているのかなと思ったんですけど、どうですか？

尾崎　僕は結構、テレビを観ていますね。新しい情報という意味ではテレビが役に立っていると思います。ネットも見ているし、エゴサーチも止まらないです。

松之丞　それは別の対談でも言ってましたよね。尾崎さんはもう、エゴサーチ研究家みたいになってますね（笑）。

尾崎　松之丞さんは最近エゴサーチしていますか。

松之丞　僕も常にしてますよ。

尾崎　「神田松乃丞」とか「神木松之丞」という誤字も含めてエゴサーチしているんですよね。

松之丞　してますし、女性版5ちゃんねるのガールズちゃんねるも見ます（笑）。そこで私は、ほんの少しだけ評価されていて、とにかくうれしいんですね。でも書き込みは少ないんです。あと、5ちゃんねるは時々見に行くんですけど、伝統芸能板とラジオ板で温度が違うんです。なんか伝統芸能板は業界関係者がいっぱい書いていて、そういうのすぐわかるんで楽しいです。俺はどんだけ嫌われてんだと（笑）。ラジオ板の方が比較的素人臭がしますね。でもいろいろとうわさしてくれて、罵倒であり、励ましであり。忌憚《きたん》なく、自分の話題は好きですね（笑）。

尾崎 それは面白いですね。松之丞さんのラジオはずっと好きで、毎週聴いています。

松之丞 うれしいです。僕のラジオのどこに引っかかってくれたんですか？

尾崎 松之丞さんのラジオは音楽的なんです。あれほど演奏のように聴けるラジオは他にない。話を落とすタイミングは、音楽でブレイクを入れるタイミングに似ているし、笑い屋のシゲフジさん含め、全体的にバンドっぽいんですよね。

松之丞 そういう指摘は初めてかもしれない。スタッフみんな喜ぶと思います、テキトーにつくってるから（笑）。

尾崎 音楽的だというのは講談を聴いていても思います。やっぱりリズムは意識しているんでしょうか？

松之丞 意識しているというより、うちの師匠（神田松鯉《しょうり》）が七五調なので、その影響はあると思います。それから、ラジオのひとりしゃべりではその人独特の口調がないとちょっと嫌なんですよね。J-WAVEのピストン西沢さんの番組がなぜ人気なのか考えると、その大きな要因の一つがあのピストン節だと思うんです。でも尾崎さんの歌の場合もそうじゃないですか？

尾崎 僕の場合は、土台にバンドの演奏があるからできるんだと思います。松之丞さんは何も音がないなかで、いわばアカペラの状態ですごくいいリズムで歌っている。そういうしゃべりだからすごいんです。

松之丞 ああ、それは本当にうれしい。ミュージシャンの方と会うと違う角度から褒めていただけるなあ。

僕に影響されている人はそんなに才能がない

尾崎 このあいだ、松之丞さんが主催する『まっちゃんまつり』を観に行かせていただいたんですけど、松之丞さんが「天一坊の生い立ち」をものすごい勢いで読まれていて感動しました。その後に出てきた方々（神田松鯉、神田愛山《あいざん》、神田阿久鯉《あぐり》）は松之丞さんと比べると淡々と読まれていて、もちろんどの方も素晴らしかったけれど、松之丞さんから入ったファンが今後講談を掘っていった時にどう思うのか、ということが気になりました。僕は松之丞さんの講談しか知らなかったので、もしかしたら講談は本来、もっと抑えて伝えていくものなのかなと思って。

松之丞 尾崎さんとしては率直にどう感じました? あまりピンとこなかったですか?

尾崎 松之丞さんほど派手ではない分、初見では難しさもあるように感じました。少し頑張らないと理解できない。でもあれが講談なんだと思い、そこに少しギャップがあるような気がしました。松之丞さんがいろんなメディアに出て名前が知れ、ファンが増えれば増えるほど、そのギャップを埋めるのが難しくなっていくんじゃないかと思ったんです。

松之丞 そこは難しいところですね。僕はああいう淡々とした芸がすごく好きだし目指してもいるんですけど、初めて観た時は「このままでは伝わらないかもしれないな」と思いました。でも結局、僕は案内役で、講談の世界にお客さんを引っ張る役割なんです。だからあれを理解してくれる人を育てているという感覚なんですよね。僕も昔、古今亭志ん生師匠の落語がいいと教わってCDを聴いたんですけど、何言ってるか全然わかんなかったんですよ。でも三年後に同じCDを聴いたらめちゃくちゃ面白かった。

尾崎　耳が慣れていくんですね。

松之丞　そうです。だから僕をきっかけに講談のファンになってくれた人たちをそこまで引っ張りあげたい。三年後に師匠の芸を観たら「ああ、松鯉すげえ」って感じると思いますね。僕は結構、役割やポジションで物事を考えるんです。講談ファンや講談師自体を増やす呼び屋がいないから、今はそのポジションに自分がぴったりハマっている。でも、もし師匠のポジションが空いてしまったら、僕が師匠のような芸をやって講談というアイコンをちゃんとやらなければいけないとは思っています。

尾崎　そこまで考えているんですね。

松之丞　そうですね。でも芸や作風って急には変われないじゃないですか。だから両方できなきゃいけないとは考えています。

尾崎　確かに、ずっと呼び込みをしていられるわけでもないですよね。

松之丞　最近、前座が五、六人増えたので、これから活性化していってほしいと思ってます。これまでは僕がいちばん下だったけど、若いやつや有望なやつが入ったから尻をたたかれるような感覚がありますね。尾崎さんが常にさらされている危機感が少しだけわかるようになりました。

尾崎　新しい前座の方々は、松之丞さんのような芸風なんですか？

松之丞　いや、まだ入ったばかりで、何とも言えないです。でも僕に影響されている人はそんなに才能がないんじゃないかな。影響されていないやつの方が怖い。それこそ比べるのもおこがましいですけど、ビートたけしさんの後のダウンタウンさんのように。

尾崎　もう、そういう方が現れたんですか？

松之丞　いないですね。だからみんなまだかわいいです。でも同志という感覚の方が強いですね。音楽業界と違って講談は狭すぎる業界なので、まだみんなで仲良くやろうぜっていう人数なんです。

尾崎　ライバルというより、みんなで講談を存続させようという段階なんですね。

松之丞　そうですね。講談師の数を増やしていかないと。上の世代はどんどん死んでいくんでね（笑）。

尾崎　『まっちゃんまつり』では、松之丞さんの後に高座に上がった方々が「こんなにたくさんお客様がいて」とお客さんの数に触れていたのも印象的でした。それは、松之丞さんのお客さんの前で、という感覚なんでしょうか？

松之丞　僕のお客様の前で、という意識はおそらくあると思います。ただそこに不快感はないと思います。終わった後もみんな「いいお客様だったな」って言ってましたし、師匠にも「いいお客様を育てているな」と褒めていただきました。普段あれほどの人数の前で講談をやることはほとんどないので、一つの恩返しのつもりです。

尾崎 恩返しといえば、ラジオで姉弟子の阿久鯉さんのお話をされている時もすごく愛情を感じました。普段あれだけまわりをくさしていても、そういう愛があるから成り立っているんですね。

松之丞 基本的に人に対して敬意は持っているし、特に話芸の先輩に関しては、どんなに苦手な人にでも敬意は持っていますね。ましてや阿久鯉姉《あね》さんはとても尊敬する先輩ですね。次の世代の名人になる人です。そうそう、この業界に入った時は兄《あに》さん姉さんという言葉が大嫌いだったんですけど、十年経つと、まあ、これも感性の劣化なのかもしれないけど、本当にその言葉がフィットしてくるんですよ。

「守りつつ攻める」ということ

尾崎 今の松之丞さんみたいに「俺を真打ちに抜擢《ばってき》しろ」と言っている時期というのは、すごくかっこいいと思うんです。つい最近、二ツ目時代の立川談春さんの『鮫講釈』を音源で聴いて、それがものすごくかっこ良かったんです。真打ちになってからとはまた別の勢いを感じました。真打ちというのは、いわば最終目標であって、そこに行ってしまったらもう上はないわけですよね。だから二ツ目から真打ちになるまでのあいだというのは、かけがえのない時間なんだろうなと思いました。

松之丞 おっしゃるように、その時期がいちばん芸人が輝く時期だと言われることもあります。青春芸のピークがそこなのかもしれないですね。ただ、二ツ目から真打ちになって腕が落ちた人はいないとも言われます。うちの業界って神話に守られていて、五十歳、六十歳になったら、よりうまくなると言われるんです。確かに年齢を重ねると話に自分がフィットしてくる。若いやつより年上の人に話された方が受け手側も素直に聴けるという面はあると思います。そういう神話に守られて毎日頑張っていて、そこそこ結果も出ているはずなんだけど……、常にイライラしていますね。

尾崎 何に対してイラ立つんですか？

松之丞 誰もが通る道なんでしょうけど、自分の無名さにイラ立つんです。尾崎さんにもそういう時代があったんじゃないですか？

尾崎 ありますね。十年くらい前、渋谷のライブハウスで、あるバンドの前座でライブをやったんです。ちょうど初めて全国流通のＣＤを出した直後で、自分たちにも多少は勢いがあると思っていた頃でした。リハーサルの時、スタッフさんに「あと何分ですか？」

と聞いたら、「時間はまだ大丈夫だけど、前座なんだからわきまえてね」と言われて。それがすごく悔しかったのを覚えています。三年後、そのライブハウスの向かいにあるもっと大きな会場でそのバンドと同じイベントに出たんですけど、トリを飾ったのは向こうではなく、僕らでした。MCでこの話をして、「三年あったら大抵のことはひっくり返せるから、みなさんも、悔しいことがあったら絶対にひっくり返してください」と言った記憶がありますね。

松之丞 それは、してやったりという気持ちなんですか？

尾崎 そうですね。それに、その時は今よりも勢いがあったんです。守るものもなかったし。

松之丞 今は守るものがある？

尾崎 今は、お客さんを減らさないようにしなければという意識があるんです。守りつつ攻めなければいけない。あの頃はまだ、防御をしなくてよかったんです。

松之丞 今の僕がまさにそれです。もっと踏み込みたいんですけど、防御というのは具体的にどういうことなんですか？

尾崎 お客さんを減らさないためのケアのようなものですね。たとえば人のことを悪く言う場合、それを聞いて喜ぶ人と怒る人がいますよね。その両方が増えていくから、極端に受け取る人に対してすごく気を使うようになるんです。時間帯も気にしなければいけない。深夜のテレビ番組に出た時はすごく評判が良かったのに、ゴールデンの番組で同じことを言っても同じ反響は得られないし、そもそも編集段階でカットされてしまう。

松之丞 そうかあ。いくつか尾崎さんが出演されたゴールデンの番組を観ましたけど、僕は面白かったですけどね。

尾崎 ありがとうございます。あとは、「昔聴いてた」と言われるのがいちばん悔しいんです。その人の通過点になる虚しさや悔しさは、いまだに我慢できない。松之丞さんもこの先「俺も松之丞聴いてた時期あったわ」と言われるようになる可能性があるじゃないですか。

松之丞 僕の場合だと、神田松之丞がきっかけで講談にハマって三年くらい経った人が僕のことを否定し始めている、という現象はすでにありますね。でも面白いことだと思います。だってそれはつまり、自分が二段階目にきたということだから。しかもこの人たちがまたいいアンチになっているんですよ、「松鯉がいい芸をしてる」とか「やっぱ愛山がいいな」とか言っていて。

尾崎 でも、それが本当に松之丞さんが案内役としてやりたいことなんですよね。

松之丞 そうなんです。そのアンチが改心してもう一度僕を好きになってくれるのが、三段階目だと思いますね。

尾崎 やっぱりそれが正しい流れなんでしょうか。

松之丞 「大好き」が「大嫌い」になってまた「大好き」になる。輪廻のようなものだと思っていて、僕は仏教的な目線で見ています。「ああ、こいつは今、魚の段階だな」とか(笑)。時間帯の話でいえば、尾崎さんに求められるものが徐々に変わってきているのかもしれないですね。売れるにつれて別の面も見せなきゃいけなくなる。それはまた違ったつらさがありますね。

尾崎 「常に何かにイラ立っている人」というイメージができつつあるみたいで、最近そういうオファーがたくさんくるんです。

松之丞 そのキャラが浸透することがクリープハイプにとっていいことなのかどうかは、難しいところですよね。

尾崎 「ただ怒ってる人でしょ?」というレッテルを貼られるのは違うと思いますね。

世の中は誤解にあふれている

松之丞 ところで、クリープハイプには「あがり」というのはあるんでしょうか？

尾崎 「あがり」ですか……。ロックフェスというすごくシビアな場があって、そこでは、お客さんがたくさん入っても、みんなが知っている曲を演奏しなければ盛り上がらないことが多い。そのことをバンド側もわかっているから、だんだんとお客さんに媚《こ》びるようなセットリストになる。時々、どっちが盛り上げているのかがわからなくなります。まるでお客さんにコントロールされているような感覚になってしまって。

松之丞 それ、すごくわかります。ネタ選びなんてまさにそうです。現場でお客様を見て決めるので、「なんでお前らが喜ぶネタをやらなきゃいけないんだ」と思うこともある。

尾崎 そうなってきますよね。ある段階に行くと、誰のためにやっているのかがわからなくなる。それはさっき話していた「防御」ということになるんでしょうね。

松之丞 今の位置だとある程度スベれない、というのはありますよね。

尾崎 今のバンドの多くは、常にロックフェスに出ていて、少しでも出なくなると「あのバンドは終わった」と言われる。春、夏、冬に大きなフェスがあって、秋だけフェスがないから、みんながそこでツアーを組む。そうなると、お客さんの取り合いになるんです。

松之丞　なるほど。

尾崎　大きいステージに出ても、少しでも客入りが悪くなると小さいステージに落ちてしまう。そういった意味で、バンドが今どこにいるのかを明確に表してくれるものですね。

松之丞　シビアですね。沢田研二さんがコンサートを当日に中止した件についてはどう思いました？（※さいたまスーパーアリーナで予定されていた沢田研二のコンサートが開演直前に中止になった件。２０１８年10月18日の朝日新聞朝刊によると、主催者側から「契約上の重大な問題が発生したため」と説明があったという）。あの怒りに尾崎さんは共感できますか？　僕だったら帰らないと思うけど、尾崎さんは沢田さんと似た怒りを持っている気がする。

尾崎　うーん、帰りはしないと思いますね。でもあれは客入りだけではなくて、何か他の理由があったんじゃないかなと思います。自分の話をすると、この前、ライブ中に客席で雪崩が起きてお客さんが倒れてしまったんです。それが結構、不安になるような倒れ方で。演奏を止めようか迷っていたら、声が裏返ってしまったんです。それでいったん止めました。倒れたお客さんが心配だから演奏を止めたということには違いないけれど、直接止める決断をさせたのは「声が裏返った」ということなんですね。でも後でTwitterを見たら、「あそこで止めた尾崎さんはかっこいい」と書いてあって。

松之丞 面白い（笑）。世の中って誤解にあふれてますね。良い誤解と悪い誤解しかない。

尾崎 沢田研二さんにもそういった何かがあったんじゃないかなと思います。いくつかの要因があってあふれそうなところでギリギリ止まっていたけれど、あの客入りを見て、それがあふれたんじゃないでしょうか。

松之丞 尾崎さん的には、帰るという選択肢はあるんですか？

尾崎 やっぱり先のことを考えますね。今は音楽以外のこともやっているけれど、音楽をやらない上で他のことをやるということはありえない。もし帰ったらそういった他のことも全部終わって、大勢に迷惑をかけてしまう。そう考えると、ここは我慢しようと思って帰らない選択をすると思います。

ファンに対しては対等に感じている

松之丞 ライブ映像を観ていると、クリープハイプのファンは本当に若い女性が多いですよね。

九割以上が女性なんじゃないですか？

尾崎 最近は男性のお客さんも増えてきたんですけど、それでも八割は女性だと思います。

松之丞 男性ファンと女性ファンの比率について思うことはありますか？

尾崎 もっと同性に支持されたいという気持ちもあります。同性のファンになるメリットって、異性の場合よりも少ないじゃないですか。

松之丞 でも恍惚《こうこつ》として見とれている姿は映像で観ると美しかったです。泣いている人も多いですよね？

尾崎 結構多いですね。だからよく「クリープハイプ聴いてるとメンヘラだ」と揶揄《やゆ》されるんです。「夜クリープハイプ聴くと病む」とか「病みたい時はクリープハイプ聴くわ」と言う人もいます。

松之丞 そうなんですか。でも僕は素晴らしいと思いました。ちょっと間抜けなことを言いますけど、これだけいろんなメディアがあるなかでクリープハイプを聴きに数万人の女子たちが集まるって、やっぱりものすごいことですよね。相当な吸引力だと思いますよ。みんなそれだけお金を投資して、尾崎さんに何かを求めに行ってるわけですもんね。ああいうのを観ると感動しちゃいます。

尾崎 大事にしたいですね。でも、ファンに対しては対等に感じています。普段感謝している分、腹が立つ時は腹が立つし、そこに関してはメーターが減らないですね。

松之丞 そこは防御しないんですね。まあ、それがなくなったら尾崎さんじゃなくなっちゃいますもんね。

尾崎 松之丞さんは、怒りに対してはどうですか？

松之丞 自分の芸に対する怒りは常にあります。「何ショボい芸やってんだ」と。基本的に、自分が満足することって一年に一度くらいしかないんです。

尾崎 それは意外です。

松之丞 だから変なところで笑っている人を見ると「センスないな」と思います。ラジオの反響をネットで見ても全然真意が伝わっていなくて、あれれーと思うこともありますし。でもそういうものなんですね。ただこれは大事なんですが、全体を考えるとサイレントリスナーの方が多いんですよ。人は声の大きい人の意見を聞きがちなんですが、ほとんどがネットにも書かない、ハガキもメールも送らないサイレントリスナーなんです。なので声の大きい人の意見も大事なんですけど、粛々と、自分がそんなにブレていないことをやっていれば、大丈夫かなと思うようになりました。その代わり、サイレントリスナーにスーッといなくなられると、これが一番つらいんですね。毎回自分は間違っているかなと疑ってかかって、人にも意見を聞くようにしてますね。そういういろいろな思いを胸に、ラジオでは毎回悪口言ってます（笑）。

友達がいないからこそ、自分の時間がある

尾崎 以前対談させていただいた時にも思ったんですけど、松之丞さんからは気づかいを強く感じます。すごく気を配っていただいて、話がいろんな方向に広がっていくので。

松之丞 えっ、そうですか？

尾崎 そういう自覚はないですか？

松之丞 サービス精神は持とうと思うんですけど、尾崎さんのことは調べれば調べるほど、迂《う》闊《かつ》なことを言うとブチ切れられそうな気がするんですよ（笑）。

尾崎 そんなことはないですよ（笑）。

松之丞 でも僕は音楽に関して何も知らないし、知らないやつに言われるなんて自分だったら嫌ですから。だから僕は、尾崎さんの核である音楽について一切しゃべらないという（笑）。ひたすら尾崎さんの小説『祐介』を読み返してきました。やっぱり面白かった。そしてこれはもう、いろんなところで散々言われ尽くしていると思うけど、「世界観」

という名前は本当に素晴らしいですよね。この名前からして完全に言語で引っ張る人なんだなとつくづく思います。そういうところに本当に感心しますね。ただ音楽については知識が……。

尾崎 いや、大丈夫ですよ（笑）。それに今日は、音楽の話も結構しましたよね。

松之丞 いやいや、僕はもう浅瀬でパシャパシャやってるだけですから。誰かと比べることもできないし、尾崎さんが音楽に関して抱えている本質的な悩みもわからない。ただ相当すごい人と対談していることだけはわかってます。それなのに普通に親戚の人と話すみたいにしゃべっちゃってますけど。

尾崎 それがとてもうれしいです。

松之丞 だからサービス精神というよりも、友達の近況を聞きに会いにきた、みたいな感覚ですね。

尾崎 ちなみに松之丞さん、お酒はお好きなんですか？

松之丞 好きだけど、シラフでしゃべる方が好きですね。僕は飲めば飲むほどいい人になっちゃうんです。

尾崎 奥さんと飲むことはありますか？

松之丞 カミさんとは飲むんですけど、今は母乳が出る時期なので控えてます。大みそかにカミさんとお酒を飲むのは、一年のうちでも大きな楽しみの一つですね。僕は正直、カミさんに依存していると思います。地方に行っても寂しいから常にカミさんに電話してますし。

尾崎 お子さんが心配だからではなく？

松之丞 それを装って、本当はカミさんと話したいだけ（笑）。

尾崎 それは素敵ですね。

松之丞 これはのろけでもなんでもなくて、カミさんは僕にとってほぼ唯一の友達でもあるんです。

尾崎 （高校時代からの）親友の植松さんは？

松之丞 あいつも親友なんですけど、なんというか、ずっと優しくしてくれる人みたいな感じです。それに彼は仕事で今、名古屋なんで。東京戻ったら遊べますね。時々講談を観にきてくれるんですけど、最初は嫉妬で観られなかったと言ってました。尾崎さんはどうですか？　友達いますか？

尾崎 やっぱり仕事が絡んでいることがほとんどですね。ずっと大みそかを一緒に過ごしていた高校の同級生が二人いるんですけど、最近は会えていないし、基本的にあまり連絡もしないですね。

松之丞　友達との時間がゼロだからこそ、自分の時間がふんだんにあるという考え方もできますよね。いい人であればあるほど友達が多いだろうし、そのぶん誘いも多い。するとそれを断る時間も必要になってくる。でもその時間は無駄じゃないですか。だから結果、友達がいなくて良かったなと思います（笑）。

お金の流れには〝中間〟がない

松之丞　クリープハイプは日本武道館での公演を二度も成功させていますよね。その先ってあるんでしょうか？

尾崎　同世代がドームでワンマンライブをやっていますからね……。でも、ドームのライブってどうなんでしょうか。自分がお客さんとしてドームのライブを観ても、あまりいいと思ったことがないんです。どうせやるのなら、神宮球場でやりたいですね。

松之丞　尾崎さんはヤクルトスワローズのファンですもんね。僕には、人を応援する経験ってあんまりなかったんです。『かっとばせ！キヨハラくん』という漫画は好きでしたけど、リアルの野球はあんまり観なかった。だから尾崎さんのように子どもの頃から熱心に一つのチームを応援している人って、素直に羨ましいです。

尾崎　野球を観る感覚は、占いと似ているのかもしれません。

松之丞　占い？

尾崎　自分ではどうにもならないことで悩んだ時に判断を人に委《ゆだ》ねたくなるんです。たとえば、別れた彼女に連絡したい、でもできない……というような状況があるとします。試合展開がランナー一、三塁のピンチだったとして、「このピンチを切り抜けたら彼女に連絡してみよう」と思う。ピッチャーが投げる。でもバッターに打たれたヒット性の当たりがセンター前に抜けそうになる……ところを二塁手が横っ飛びで追いついてアウトにする。その二塁手がひいきにしている選手だったりする。「あ、連絡しよう」と決心する……そういう気持ちを野球に委ねて生きていますね。

松之丞　それは、かなり委ねましたね（笑）。チームを応援する感覚は、選手個人を応援する感覚と少し違いますよね。チームというのは、それを構成する選手がどんどん変わっていく。クリープハイプから尾崎さんがいなくなっても応援するようなものですよね。それって不思議な感覚だなと思います。

尾崎　確かにそうですね。でも野球の場合はうまいことできているんです。好きな選手がベテランになり、成績が徐々に下降して、そのタイミングでベテラン選手を追い抜く若手が出てくる。最初は好きな選手からポジションを奪った若手選手のことが憎いけれど、やがて若手がスター選手になって、気付いたらその選手を好きになっている……。老いや衰えなど、自分の努力だけではどうにもならないことが多いのも心を動かされる要因です。あんなにすごい選手がなぜ二、三年でこんなに成績を落としてしまうのか。ケガをして、手術が成功したと言っているのに、なぜ思い通りに投げられなくなるのか……。そういったところも含めて好きですね。

松之丞　やっぱり真剣勝負って面白いですよね。

尾崎　面白いです。松之丞さんがお好きなプロレスの真剣勝負にも、また別の魅力がありますよね。

松之丞　そうなんです。プロレスもお好きなんですか？

尾崎　昔よく観に行っていました。

松之丞　僕は大日本プロレスを応援していて、最近、スポンサーになってしまいました。でも安いんですよ。コーナーポストにラジオの広告を入れて二十万円くらい。僕は、プロレスラーって本当にすごいと思っているんです。デスマッチなんて蛍光灯で殴り合ってるじゃないですか。葛西純という選手のことが特に大好きなんですけど、昔、葛西選手のブログを読んでいたら「プロレスで食えないからデスマッチをしながら清掃のバイトをしている」と書いてあったんです。

尾崎　散々リングを散らかした後に清掃をするんですね（笑）。

松之丞　なんでこんなに命をかけて頑張ってるのに食えてないんだ、と怒りがわきました。たとえば僕が地方に行って、一本の公演で「おお、すごい」というギャラが入るとする。そのお金にもイラ立つんです。プロレスラーが死ぬ気でやって食えないのに、この金の流れはいったい何なんだと。その思いがあるから、コーナーポストに二十万円なんて安いんですよ。二百万円くらい出してやろうかと思いました。

尾崎　それは僕も思います。すごくお金に苦労した時代と今、その中間がほしかった。

松之丞　徐々に、ではなくて、いきなりバーンと入るんですよね。

尾崎　ある意味で、損をしているような気にもなりますよね。映画でいえば、いきなりラストシーンがきてしまったような感覚です。

松之丞　お金に関しては感覚が麻痺してきますよね。僕レベルですらちょっと麻痺し始めてる。飲食店に行っても値段を見なくなるんですよ。それってはたして、いいことなのか。大事にしなきゃいけない感覚が衰えているんじゃないかという危惧があります。この感覚がズレると人間としてもズレてしまうから。

尾崎　すごくよくわかります。

松之丞 それにしても、クリープハイプってどれくらい儲《もう》かってるんだろう。邪心なく聞きますけど、尾崎さん、いくら持ってるんですか？　これは邪心なく（笑）。

尾崎 僕は本当にお金を使わないし、遊びにも行かないし、高級品がほしいという欲もないんですよ。

松之丞 何億くらいあるんですか？

尾崎 いや、それは……（笑）。

松之丞 そこはさすがにボカシますよね（笑）。金の話で終わりました（笑）。いやぁ、楽しい時間でした。

（二〇一八年十一月、東京・原宿にて）

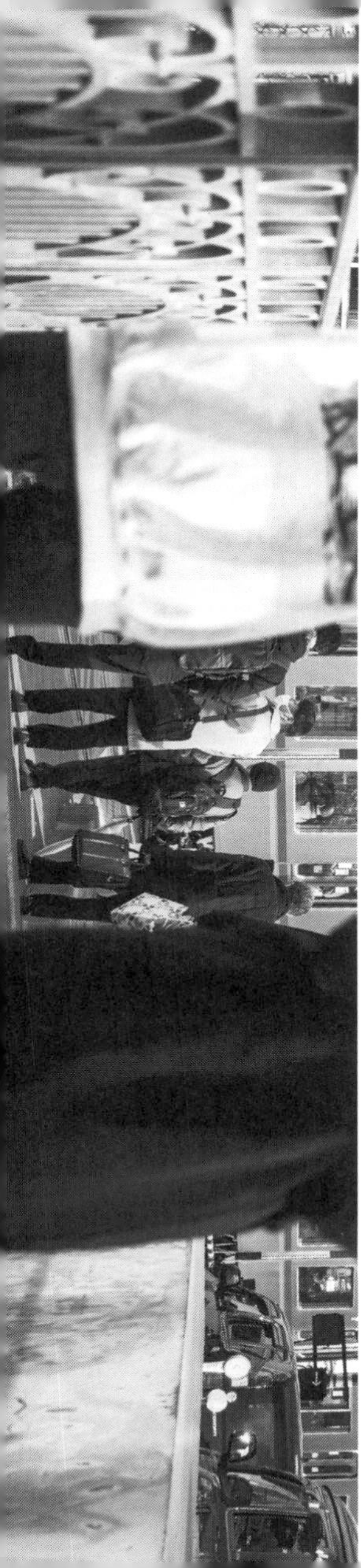

×最果タヒ

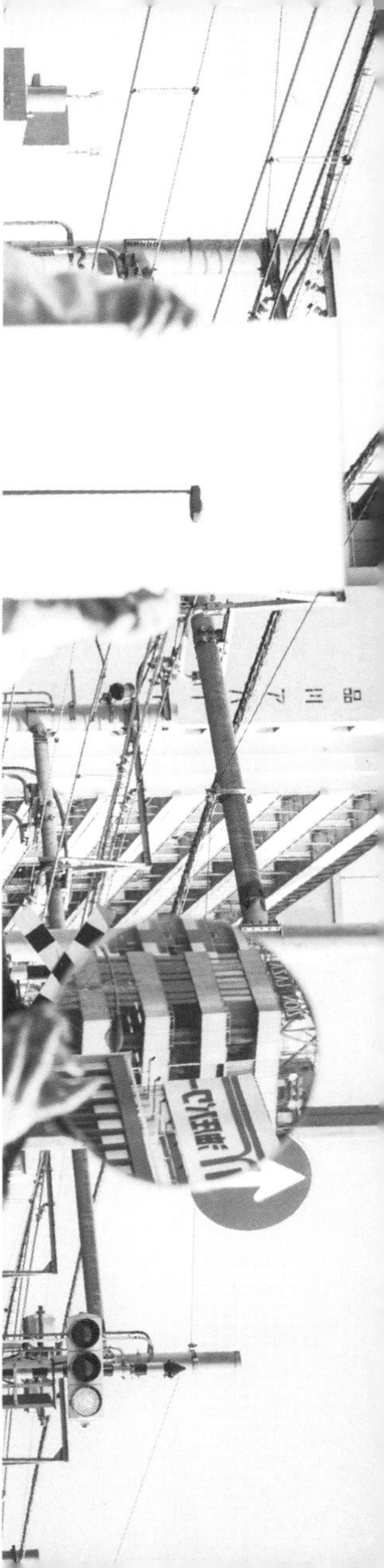

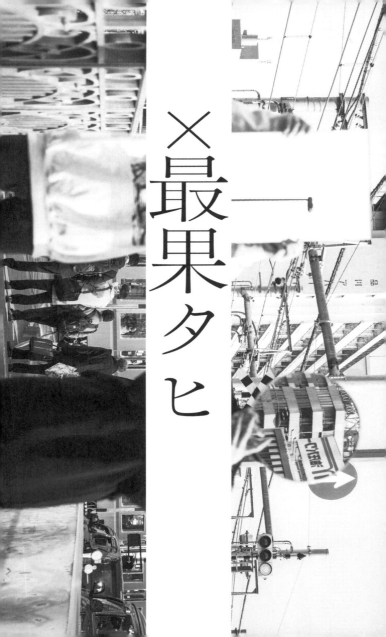

自分とは真逆の感覚を持った最果さんと話せたことは、すごく大きな経験だった。凝り固まった考えのせいでガラ空きになったスペース、そこに入ってくる最果さんの言葉はどれも魅力的だった。人と話すことはやっぱり面白い、世界はまだまだ広い、改めてそう実感した。

言葉と身体の距離

尾崎 最果さんは詩、小説、エッセイ、歌詞などいろいろな文章を書かれていますが、形式によって難しさは違いますか?

最果 歌詞は大変ですね。メロディーをつくる人と歌う人がいて、その人たちとの共作になるので。歌詞は声にするものであり、その声に言葉が乗るかどうかは歌う人の感覚次第じゃないですか。わたしは歌う人ではないので、そこに難しさを感じます。メロディーが先に決まっている場合は、初音ミクに歌わせながら言葉を調整しています。わたしは音痴なので、歌いながら書くことができないんです。だから、歌う人が書いている歌詞がすごく好きです。歌う人が書く歌詞は、言葉と身体の距離が近いですよね。説明の前に言葉がきている。昔から憧れていました。言葉をかっこいいと思ったのも音楽がきっかけです。

尾崎 いちばん気を使わないで書けるのは詩ですか?

最果 基本的に書き仕事にはあまり気を使わないです。書いてから一年経つとだいたいの作品は客観的に読めるのですが、わたしの場合、読んで感想をもらわないと勇気が出なかった作品は、一年後に読み返してもあまりよくないと感じることが多いんです。「これ以上、絶対に何も動かしたくない」と感じた作品だけ、一年後に読んでも大丈夫だと思えます。

尾崎 自分の作品を読み返しますか?

最果 あまり読まないですね。

尾崎 僕もあまり読まないんです。

最果 歌詞もですか?

尾崎 歌詞はたまに読み返します。ツアーのセットリストを決める時には歌詞サイトで検索したりします(笑)。

最果 歌詞サイトで(笑)。

尾崎 忘れてしまうので、譜面台にiPhoneを置いて、読みながら練習することが多いです。でも不思議と、忘れていたところを一つ思い出せば、残りの歌詞も全部出てくるんです。きっとメロディーとセットになった何らかの感覚で言葉を覚えているんでしょうね。歌いながら「なんでこれだけの量を一気に思い出せるんだろう」と思います。

最果 それはきっとメロディーと結びついて言葉を書いているからなのでしょうね。

尾崎 同じ分量を書いても、ただ文章として書く場合と歌として残す場合とでは、記憶の残り方が違うんでしょうね。

言葉の「わからなさ」にどう対応するか

最果 わたしは音楽がすごく好きで、書けない時に音楽を聴くと書けるようになるんです。特に、十代の頃に好きだった音楽を聴くと一気に書けることが多いです。

尾崎 僕は逆に、音楽を聴くと書けなくなります。書く時は本を読むことが多いですね。少し書けたら止めて、また本を読む。

最果 ええっ、頭のなかぐちゃぐちゃになりませんか？

尾崎 ならないんですよね。読んでいるうちに何かを思い付くんです。でもキリのいいところまで読みたいから、途中からは書きたい気持ちを我慢して読む。文字を入れたぶんだけ出しているような感覚です。

最果 それはすごい。わたしは書いている時はほとんど読まないです。音楽の言葉の方が、生っぽく身体に入ってくる感覚があって。歌詞の説明しない感じ、「支離滅裂だけどすごいくるものがある！」という感覚が好きで詩人になったので、そういう勢いのものを摂取した方がわたしの場合は書けますね。

尾崎　確かに、最果さんの文章からは、止まらずに書いているという印象を受けます。書いている時、あまり意味を考えすぎないようにしているのでしょうか？

最果　考えないようにしているし、読む人も考えない方がいいと思っているんです。歌の場合、歌詞は流れていくものじゃないですか。聴いている側としては、一行わからない歌詞があったとしても、受け入れて次の行にいける。それがすごくうらやましくて。詩は、一行わからないと次の行に進めないこともあります。でもこの場合の「わからない」というのは、言葉との距離の取り方がわからないということだと思っています。言葉のわからなさにどう対応したらいいのか。「わからないけど、いい」と言っても大丈夫なのか、わからなければいけないのか。

尾崎　僕は学生時代、無理やり意味のわからないものに触れて安心していました。「こういうわけのわからないものがあるのなら、もっといろんなことを考えてもいいんだな」と感じていたんです。でも大人になってやりたいことができるようになったら、その余白がなくなってきたように思います。

最果　理解できてしまう、ということですか？

尾崎　理解できていると断言すると少しニュアンスが違うのですが、わからないことに包まれている安心感がなくなってきたんです。わかっていなければいけないという責任感もあるし、わけのわからないものや変な作品に対して、どう距離を取っていくべきかということを最近よく考えています。

最果 なるほど。変な作品というのは、たとえばどんな作品でしょう？

尾崎 十代の頃、ある小学校で開催されたアートイベントに行ったんです。体育倉庫の裏に光るオブジェが置いてあって、そのなかから虫の声がずっと鳴っていた。ただそれだけ。それだけなんだけど、すごくいいと思ったんです。意味がわからないのに安心する。ほかにも、有名な写真家の写真展で女性が縛られている写真を観て「これ、何なんだろう？」と思いながらも、そうしたものが作品として展示されていることに安心感を抱いていました。

最果 「わからないのに」と思えるのはすごいことですよね。わたしは十代の頃、わかった気になってしまうことがよくありました。「わからない」と言うことが怖かったんです。自分がバカだと思いたくなかったから。美術館によく現代アートを観に行っていたのですけど、わからなくてもいいのか、自分なりにわかった方がいいのか、それがわからなかった。言葉は本来「わかる」ものだから、わからない言葉を読んだ時には「わからない」としか言いようがないですよね。そのことに気付いた時に、「わからないって面白いな」と思えるようになったんです。だから尾崎さんのように「わからない」と受け入れるのはすごいし、面白いことだと思います。

「この二時間は十五分に濃縮できるよ」

尾崎 こういった対談以外のプライベートで、誰かと表現の話をすることはありますか？

最果 しないですね。友達があまりいないので……。

尾崎 誰かとお酒を飲みに行くことは？

最果 ないです。お酒は飲まないですし、意味がわからないです。

尾崎 意味がわからない（笑）。お酒を飲みながらしゃべることの楽しさがわからない、ということですか？

最果 それはメールで済むのでは、と思ってしまうんです。

尾崎 会う必要がない？

最果 むしろ何のために会うのかわからない。

尾崎 おお（笑）。

最果　決して退屈なわけではないのですけど、でも二時間も必要なのかな、この二時間は十五分に濃縮できるよ、と思ってしまうんです。……わたし、コミュニケーションがうまくないんです。

尾崎　誰かとコミュニケーションを取りたいという欲もないですか？

最果　昔から失敗し続けて、なくなりました。以前は、コミュニケーションが下手だという自覚がなかったんです。うまくしゃべれている気がしていて。でもしゃべればしゃべるほど周りの空気がどんどん沈んでいく。その空気に違和感を抱きつつ、自分が悪いということに気付かずに生きてきてしまった。大人になってようやく気付きました。

尾崎　いつ頃まで頑張ってコミュニケーションを成立させようとしていたんですか？

最果　学生時代ですね。頑張っていたというか、勘違いしていたんです。わたしがしゃべらなければいけないと。それが空回りしていることに気付いて、やめました。

尾崎　それをやめてからは楽になりましたか？

最果　楽になりました。ただ、もちろん打ち合わせや編集者さんとの会話は必要ですし、そういう場合は大丈夫です。仕事はお互いに役割があり、目的に向かって話をするものなので。でも友達との会話は、その場で盛り上がることが目的ですよね。「盛り上がるって、何？」と思ってしまう。尾崎さんは人付き合いが好きなのですか？　バンドをやるくらいだから嫌いではないか……。

尾崎 僕はけっこう好きですね。でもバンドマンと飲みに行くことはあまりないです。

最果 バンドって本当にすごいと思っていて、まず、メンバーがいるのがすごい（笑）。わたしだったら、誰かと常に一緒にいることなんて考えられないです。

尾崎 メンバーがいてくれると安心することもありますよ。僕は昔から場の空気や他人の気持ちを敏感に読み取ってしまうので、良くも悪くも、誰かがいることで自分が見えてくるんだと思います。

最果 わたしの場合、空気を読んで「ヤバいな」と思っても、その後どうすればいいのかわからなくなるんです。それが居心地の悪さになる。人の顔色がわかるのは、すごくつらいことじゃないですか。

尾崎 ああ、そうか。見えてしまうからこそ嫌になったんですね。

「自分」なんてどうでもいいのでは？

最果 尾崎さんの本を読むと、人のことをすごくよく見ている人だと感じます。それはしん

尾崎 どいことなのではないかな、と思うのですが……。

最果 もちろん嫌なこともありますけど、人を見てしまうのは自分の性質だと思っています。たくさん人に頼っているし。最果さんは、それほど読者に依存していないのでしょうか?

尾崎 依存? していないです。尾崎さんは依存しているんですか?

最果 僕はファンや読者に依存していると思います。それによって作風を変えることはないけれど、届いているかどうかはかなり気にしますね。

尾崎 届いているかどうかはわたしも気になります。でもみんな別々のことを言いませんか? 全方向からいろんなことを言われるから、気にしても仕方がないのではないかと。

最果 でも、エゴサーチはしますよね?

尾崎 エゴサはしますけど、広告の仕事をやったらそれがしっかり機能しているか確認したいし、歌詞を書いたらそのミュージシャンのファンの方に喜んでもらえているかを確認したいですから。本も、出版社があって初めて世に出せるので、版元に赤字を背負わせるわけにはいかないという気持ちがあります。本って不思議で、刷ったぶんだけ先に印税が入るじゃないですか。あれがプレッシャーで。

尾崎 確かに、実際に作品が売れる前にお金が入るという仕組みは特殊ですね。売り上げ部数も気にしたりしますか。

最果 あまり細かく気にしているわけではないけど、重版がかかってようやく安心しますね。

尾崎 みんな調子がいい時は言ってくれるけど、悪い時は言ってくれないですよね。僕は最近、売れ行きが良くても教えないでくれとレコード会社の方に頼んでいます。

最果 余計不安になりませんか？

尾崎 何も言われないということは、結果が良くないということなので、だったら最初から何も言わないでほしいんです。

最果 なるほど。

尾崎 僕はやっぱり、人を見ながら自分を見ているんだと思います。あまり自分と向き合えないんですね。自分そのものを見ることが苦手だから、人を介して自分を見ている。こういうところは、最果さんと逆なのかもしれないですね。

最果 自分と向き合うということは、わたしはあまり意識していないです。「自分」なんてどうでもいいのでは？と思っています。わたしは中学生の頃にウェブ日記を書き始めたのですけど、当時の自分は書くネタが何もない中学生でした。その時、自分の話をするのは無駄だし、やりたくもないということに気付いたんです。それからは、言葉で楽しいことをしようという考え方に変わりました。自己表現に興味がないんです。

尾崎 そうかあ。そこはやはり逆で、僕は自分という人間をどうしても見せてしまいますね。最果さんは、自分の作品が読まれる際、あまり自分という存在を意識してほしくない、と様々なところで書いていますよね。でも僕には、自分を知ってもらいたいという欲があるんです。

最果 小説のタイトルがご自身の名前『祐介』ですもんね。

尾崎 そうですね。この流れで指摘されるとちょっと恥ずかしいですけど（笑）。

最果 でもそれは自己顕示欲ではないと思います。尾崎さんは自分の視点をすごく大事にされていて、それを作品に昇華させる人なのではないでしょうか。歌詞を読んでいてもそのことをすごく感じます。わたしはクリープハイプの『鬼』『蜂蜜と風呂場』『寝癖』といった曲がすごく好きなのですけれど、すべて日常の瞬間瞬間を切り取って、映画のシーンのように描いているんですよね。セリフも、ありそうだけれど誰も言っていない、それでいて自分もいつか言うかもしれないという、具体的だけど抽象的でもある言い回しです。そうした表現がすごく面白いです。

尾崎 ありがとうございます。

言葉と思考の鬼ごっこ

最果 小説もそうですし、エッセイではさらにその傾向が顕著で、尾崎さんは瞬間瞬間の切り抜き方が特徴的なんです。尾崎さんの文章を読んでいると、自分がどう思ったかを書くよりも「どの一瞬を見て、何を描いたか」ということの方が、書き手の意思が強く出るのだなと感じます。世界をどう切り取るかということに、一人称の意味や書き手の自我が出る。尾崎さんは自分を基地にして世界を見ながら、それらを細切れにしているんですね。小説のタイトルが名前であるということは、そのことを象徴的に表していて素晴らしいと思いました。

尾崎 すごくうれしいです。そういった感覚で見てもらえているんですね。

最果 普通、具体的な話をすると、その書き手自身の話に見えてしまいますよね。だから受け取る側が作品を自分の話にできない。むしろ書き手を観察する感じになってしまう。尾崎さんはそこのバランスがものすごく面白くて、具体的な話をしているのに、受け取る側も自分たちが知っているものに見えてしまうんです。わたしはそれを詩の言葉で抽象的なものに置き換えているのですが。

尾崎　確かに最果さんの詩は抽象的だけれど、読んでいると、そのなかに入っている感覚になります。最果さんが好きなブランキー・ジェット・シティの歌詞はどちら側だと思いますか？

最果　ブランキーの歌詞は抽象寄りだけど、少し違うんですよね。ハタから見ると不思議なことを言っているけど「この人には世界が本当にそう見えているんだろうな」と信じ込ませる歌詞です。表現の貫き方が真に迫っていて、あの世界の方が本当に感じる。それがすごいところだと思います。

尾崎　ちなみに、最初に好きになったフレーズは覚えていますか？

最果　最初は『冬のセーター』の歌詞だったかな……。「モデルガンを握り締めて僕は自分の頭を撃った／そのままベッドに倒れこみ死んだふりをして遊んだ」という行の後、「ことしの冬はとても寒くて長いから／おばあさんが編んでくれたセーターを着なくちゃ」という行が続きます。一行一行飛んでいて、わからないけど、でもわかる。この感覚が猛烈に衝撃的で。

尾崎　冷静に考えるとぼやけてしまうけれど、意味になる前に飛び込んでくる言葉ですね。

最果　考える前にわかってしまうという感じですよね。すごくかっこいい。自分が目指しているのも「考える前にわかってしまう言葉」なんです。だから書く時に我に返ってしまうと、もう書けなくなってしまう。考える前に一気に書かないと安心できないんです。

尾崎 自分の思考に追いつかれないように、言葉と思考の鬼ごっこをしているような感覚ですか。

最果 そうですね。元々、人のために言葉を練ることや、空気を読んで相手のために何かを言うことが苦手だったんです。それが嫌でネットに好き放題に書いていたら、言葉が自分の考えを飛び越えてその先に行ってしまった。だから自分の考えの方が鬼ですね。思考が言葉を追いかけている。そして、言葉をつかまえてしまったらダメなのだと思います。

尾崎 面白い。そこも僕とは逆ですね。

書くことは削ること、諦めること

最果 尾崎さんは考えて書くのですか？　あまりそういう感じがしませんでした。というのも、尾崎さんは言葉を本能的に捉えている感じがしたんです。作品の完成形だけを見ているからそう感じるのかもしれませんが、すごく切れ味のいいもので切り取っている気がする。

尾崎 最初は全然切れないものを出して、それを頑張って削っている感覚ですね。

最果 へえ！　そっちですか。

尾崎 自分のつくるものは、細かい作業を繰り返してようやく切れ味が出てくると思っています。だから僕と最果さんは、言葉への向かい方が逆なのかもしれませんね。最果さんのように、はじめからその切れ味に到達できればいいのですが……。小説も歌詞も、最初はなんとなくiPhoneにメモをしておいて、そこから削っていくことがほとんどです。

最果 削る、かあ……。

尾崎 歌詞の場合は、まずはバーッと書いて、それをメロディーに合わせてどれだけきめ細かく削っていけるか。引き算が好きなのかもしれません。

最果 でも引き算は難しくないですか？

尾崎 難しいけれど、足すことよりも引く方が好きですね。最果さんはどちらですか？

最果 詩の場合は一気に書いて終わりなんです。推敲《すいこう》ができない。メロディーがないからやりたい放題ですし。

尾崎　詩は制約がないぶん、本当に大変だと思います。あまりにも自由だから、まるで砂漠でやっているように感じる。

最果　でも、これくらい自由だからこそ好き勝手に読めるという面もあります。読むリズムや間の取り方は人によって違うし、夜読むか朝読むかでも見え方が違う。詩にはなじみ方がたくさんあって、どこにでも忍び込めるんです。それがすごく面白いところだし、詩の特権だと思っていますね。エッセイの場合は削ることもあるけど、削る作業はいつもしんどいですね。書くことは削ることだとつくづく思います。どれだけ削れるかということに、いちばん腕が問われている。

尾崎　音楽もそうなんですよね。アレンジを考えていろんな音を足していくけれど、結局は引き算だと思っていて。もっといけるはずだという思いがあっても、現実にはどこかで決着をつけなければならない。それは諦めることでもあります。作品をつくるということは、そういうことだとも思っています。アマチュア時代、先輩のバンドマンに「レコーディングは諦めていく作業だよ」と言われたことが強く心に残っているんです。

最果　諦めた部分というのは、他の人にはわからないことが多いですよね。わたしも書く際、どこかで諦めることはあります。そして、そういう作品の方が受け入れられることも結構ある。諦めた部分が抜けになっているんですね。ガチガチに固めてしまうと、どこから読んでいけばいいのかわからなくなる。ある程度、穴がないと入り込めないのだと思います。

書いている人の快楽と読んでいる人の快楽は違う

尾崎 その部分が受け入れられた時はどんな気持ちですか？

最果 うれしいけど、面白いなという気持ちの方が強いですね。やはり、いい作品かどうかは自分では判断がつかないのだと思います。すごくいい作品ができたという手応えに反して、そうではなかった作品の方が受け入れられることがありませんか？

尾崎 あります。でもそれは、手応えのある作品があったからこそ、その対比で受け入れられているんだと思います。音楽の場合、MV（ミュージックビデオ）をつくるためにリード曲を選ぶのですが、どの曲にするかいつもすごく迷うんです。仮にMVの候補曲が二曲あったとして、A曲の方が圧倒的に受け入れられるとわかっている場合でも、以前は「作り手としてはB曲の方を大事にしたいから、MVはB曲にしたい」という葛藤がありました。でも文章を書くようになってから、ある程度楽になったんです。

最果　それは……文章が自由だからですか？

尾崎　説明できるからだと思います。歌詞は聴く人に委ねなければならないですよね。もちろん、委ねられるということに助けられてはいるのですが、「でも本当はこういう意図があるんだけどな」と説明したい気持ちもあるんです。

最果　なるほど。

尾崎　本当は合間にいろんなものがあるのに、一と五と十しか伝わっていないことがある。それでいい曲もあるけれど、二、三、四、九を説明したい曲もあるんです。そういった欲が、文章を書くことによって少なくなりました。最近は、曲と文章を照らし合わせることによって伝わればいいと思うようになりましたね。最果さんにはそんな感覚はないですか？

最果　ないというより、わたしは「文章って伝わらないよ」と思っているんです。自分の意図とはまったく違う形で作品が捉えられていると感じることも多いけれど、意図が通じるとは最初から思っていない。言葉や文章は、相手が相手なりに消化するものだと思っています。だから尾崎さんの話を聞いて、今、すごく不思議な気持ちです。そうかあ、説明するのかあ、と。

尾崎　自分の癖なんですけど、突っ込まれた時に何か言えるようにしていなければという思いが常にあるんです。プロモーション期間にインタビューで「この曲のこの部分の意図は？」と聞かれるので、全部答えられるようにしなければいけないとずっと思ってきました。その習慣が染み込んでしまっているのかもしれません。何も考えずに書くことも時には必要だと思いますが、なかなかできないですね。

最果 誤解されるのは怖いですか？

尾崎 怖いです。でも、誤解に助けられることも多いですね。その余白は常に持っていたいけれど「でも、そうじゃないのにな」という気持ちが常にどこかにあるんです。詩の場合は「この部分に注目してほしい」という気持ちにはならないのでしょうか？

最果 書いた時はあまり思わないのですけれど、読者の方が気に入った箇所を抜き出してくれた時に初めて「なるほど」と思って、それからその部分を宣伝に使うことはよくあります。他人の意見の方が参考になるんです。逆に、自分がすごく自信を持って書けた箇所はあまり反応してもらえなかったりする。たぶん、書いている人の快楽と読んでいる人の快楽は違うのだと思います。書き手は言葉を思いついた瞬間の快楽だけれど、読み手は完成した言葉を受け取っているから、消化の仕方が違う。おいしいところが違うんです。

尾崎 確かに、そういう感覚を持っていないとだめですよね。そう考えると、自分はつくった時の快楽を押し付けようとしているのかもしれないなあ……。

最果 いや、尾崎さんのように書きながら読んでいる人ならそれもいいと思います。

尾崎 つくり方によって違うのかもしれないですね。でも、書いた瞬間の喜びというのは、完全には伝わらないですね。

最果 伝わらないです。音楽もきっとそうですよね。自分たちがいいと思っているポイントと、ファンの方が好きなポイントが違うことはたくさんあると思います。

尾崎 音楽にはAメロ、Bメロ、サビという概念があるので、詩に比べると少しだけ伝わりやすいのかもしれないと思いました。サビは特に大事ですよね。ここが盛り上がるとみんながわかる。待ち合わせ場所のような感じがします。そして、そこに息苦しさを感じる人もいるんでしょうね。「どうせまたここでみんな手をあげるんだろうな……」という息苦しさ。

最果 あります！　あるー！

尾崎 コール&レスポンスなんてその最たるものです。だから、僕は煽りがあまり好きではないですね。学校の行事みたいになってしまうから。

最果 わたしも「オイ！　オイ！」ってみんなが言うライブは苦手です（笑）。

その人そのままであることがいちばんかっこいい

尾崎 最果さんは絵を描くことが苦手だそうですが、僕も苦手で、それが昔からコンプレックスだったんです。もちろん絵が描けてしまったら文章を書いていないと思うのですが、本当は絵を描きたいという気持ちもあります。絵というものは、自分のいちばんゴツゴツした部分を表現できるもので、より正確にそれを伝えられる気がするんです。音楽や言葉にすると迷ってしまうし、決められたものをパズルのように組み合わせている感覚になることがあります。

最果 えっ、わたし、音楽って万能だと思っていました。違うんですか？

尾崎 うーん、やっぱり音楽も決められたものですね。でも、それは自分が音楽をやっているからそう感じるのかもしれません。字を書くのも苦手で、自分の文字を見ると悪い意味で気持ちに揺れが出てしまうから、手書きで歌詞を書くこともできないんです。

最果 わたしも手書きでは書かないです。書いた内容がフラットに見えなくなってしまうから。

尾崎 誰かに手紙を書くことはありますか？

最果 絶対ないです。

尾崎 食い気味できましたね（笑）。書きたいという欲求もないですか？

最果 まず、手紙を書くような間柄の人が編集者さんしかいない（笑）。

尾崎 「小説を書く時は読者に手紙を書くように」という作家の方もいますよね。

最果 本当ですか⁉ それはすごいですね……。でも「手紙」という言葉を使っている意図はわかります。手紙は送られてくるものだけど、読む人の感覚で変わるものだから。つまり誤解されながら読まれるものでもある。ただわたしは、自分の書いたものを「自分の作品」だとはあまり思っていないので、「手紙」というほど個人的なものかどうかはちょっとわからないですね。

尾崎 でも、作品を出したいという欲求、本を出版したいという気持ちはあるわけですよね？

最果 本になるのはうれしいです。届かないと意味がないとは思っていますから。わたしは日記を書くことができなくて、人が読む前提、届くであろうという期待のなかでないと言葉が書けないんです。誰かが読まないなら言葉を書く意味がないのでは、と思ってしまうんですね。

尾崎 僕もちゃんとした日記は書けないです。『苦汁100%』もエッセイとして書いているし。

最果　そうだったんですか。それなのに個人的な日記に見えるから不思議ですね。依頼されてエッセイとして日記を書くと、普通はもう少し演出すると思うんです。作品としてパッケージすることを意識してしまう。でも『苦汁100%』を読むと本当に尾崎さんの日記帳を見ている感じがして、すごく生々しい。歌詞から受ける感覚に近いです。日記を書かれないというのは意外でした。

尾崎　僕は自分を俯瞰《ふかん》で見ているところがあって、いい歌詞を書いても「そんなこと書いてるけど、お前は今、大量のチョコレートを食っているじゃないか」と突っ込んでしまうんです。そうした突っ込みどころがあるとモヤモヤしてしまうんですね。でも、そうした自分の日常を文章で書いたりラジオでしゃべったりすると、そのモヤモヤが少し晴れるんです。

最果　それはすごく面白いですね。だから説明の欲が出てくるんですね。

尾崎　かっこつけること自体も苦手なんです。普段家で過ごしている時のような、情けない自分を見せなければという気持ちがあります。

最果　でも最初は音楽のかっこよさに憧れたんですよね？

尾崎　そうですね。ただ、僕が好きになったミュージシャンはブログなどで日常を書いている人が多かったので、その影響を受けているんだと思います。

最果　確かに、ミュージシャンのかっこよさってバラバラですよね。生活のにおいが全然しない人もいれば、ものすごくする人もいる。どちらにしても、その人が自然体でいることが一番なのかなと最近は思います。とにかく、無理しているところをファンは見たくないというか。

尾崎　確かに、浅井さん（浅井健一）が日記のようなことばかり書いていたらちょっと驚きますよね（笑）。

最果　驚きます（笑）。その人がやりたいことをそのままでやっているのが一番かっこいい気がします。

尾崎　その通りですね。

最果　歌うという行為はしゃべることより生々しい行為で、ミュージシャンはそれをステージの上で、生身の身体で表現しているから、こちらとしては素を見せられている気になるんです。だからこそ「この人、本当は無理しているな」と感じると興ざめしてしまう。尾崎さんはそのバランスが優れているのだと思います。

ラーメン屋に並びながら詩を書く

尾崎　ミュージシャンに対する気持ちを聞いていて感じたのですが、最果さんは肉体的な表現に対する思い入れが強いのでしょうか？　たとえば、スポーツ選手に対する憧れはありますか？

最果　憧れではないと思いますが、わたしは運動神経がまったくないので、スポーツ選手に対して「本当に同じ人類なのか？」という尊敬はあります。スポーツは目的がはっきりしているものですよね。音楽や文学などの芸術には目的がなくて、だからこそそれぞれが違う方向を見ていられる。そこが芸術の好きなところですね。その方がわたしは自然だと感じているので、スポーツを見るといつもびっくりしてしまいます。

尾崎　感動というより「なんだこれ？」という衝撃ですか？

最果　もう、衝撃です。テニスの選手がすごいサーブを決めた瞬間などを見ると「この人はこれのために何年間練習してきたんだろう……」と思ってしまって、感動の前にぞっとしてしまうんです。人間とは思えないすごみを感じます。

尾崎　テレビを観たり、ラジオを聴いたりはしますか？

最果　最近はあまりテレビを観ていないですね。ＮＨＫ Ｅテレの『ねほりんぱほりん』くらいしか観ていません。ラジオもそれほど聴かないですね。パッケージされたものより生々しいものの方が安心するんです。演出されたものを期待された通りの反応で観るのは、すごく疲れてしまう。基本的に、映像を観ることに疲れてしまうんですね。映像は長いし、テーマがあるし、最後まで観ないと面白くないこともある。音楽は、一瞬でつかめるじゃないですか。漫画もそうですね。特に連載ものは短いなかに起伏があるし、一瞬一瞬で面白さがわかる。ダラダラ観られる面白いコンテンツについていけなくなっています。

尾崎　僕は結構テレビを観ています。でも特別好きというわけでもなく、テレビをつけながら何か他の用事をしていることが多いんです。身近にいるミュージシャンがＣＭに使われていたりすると悔しいから、そういう時は切ってしまいます。音楽関連のニュースも、最近はあまり見なくなりました。外の情報を遮断したくなる瞬間はありませんか？

最果　わたしはむしろ遮断したくないです。静かな場所だと緊張してしまって何もつくれなくなるんです。思い返せば、昔はよくテレビをつけっぱなしにして原稿を書いていましたね。ざわざわしていた方が書けるんです。

尾崎 なんとなく、最果さんの文章は静かな深夜に書かれたものが多いのかと思っていました。

最果 深夜に書くこともありますけど、それほど遅い時間ではないですね。二時くらい。

尾崎 意外と早いですね。僕はいつも朝まで起きています。六時か、七時くらい。夜の二時は、僕にとってはいちばん調子がいい時間帯です。

最果 わたしも昔は朝日が差すまで起きていることもあったのですが、最近はもう、つらくて(笑)。尾崎さんは「書くぞ」と決めてから歌詞や原稿を書きますか?

尾崎 ダラダラしながら書くことが多いです。寝転がって、関係ないネットの記事を読むことで意識を逆に振って、それから書く、というリズムです。

最果 わたしもダラダラです。ラーメン屋に並びながらiPhoneで書いています。

尾崎 ラーメン屋で!

最果 すごく捗《はかど》るんです。時間が限られているし、かといって集中を強いられる空気も一切ない。みんながだらっとしている空間はすごく書きやすいんです。家の机で書くことはあまりないですね。

「わからないけれど、いい」とはどういうことか

尾崎 最後に、「わかる／わからない」についてもう一度考えたいのですが、最果さんの作品には「わからないけれど、いい」という感想も少なくないかと思います。でも「わからない」にもかかわらず「いい」というのは、どういうことなんでしょう？　単なる「わからない」と「わからないけれど、いい」を分けているものは何なのか。

最果 わたしはむしろ「わかるし、いい」ということがよくわからないです。「いい」という感覚は、「わかる／わからない」の前にあるものだと思っていて。たとえば、拙作で恐縮ですが『死んでしまう系のぼくらに』の黄色い蛍光色の装丁は、パッと見て「いい」と思います。でも具体的に何がどういいかなんてわかってはいない。この感覚が基本だと思っているんです。海を見たら美しいと思うけど、海がなぜ美しいかなんてあまり考えませんよね。そういった感覚を忘れて、段階を踏んで「いい」ということにしようとすると、わからなければいけなくなる。でもそっちではない。もっと直感でいいし、そういう感覚を取り戻そうとしているのだと思います。

尾崎 なるほど。

最果　ギターがガガッと鳴ればかっこいい、でもなぜかっこいいかはよくわからない。だけれどそれはやはりかっこいいんです。言葉もそうなればいいなと思っていて。言葉に関してはどうしても、国語の授業で習うような正解を理解してナンボという考え方になりがちだけど、それだけではないと思っていますね。

尾崎　最果さんが読者として詩を読む時も、「わからない」の前に「いい」と思うことがありますか？

最果　昔、現代詩って何だろうと思っていろいろ詩集を読んだ時は、全部わからなかったんです。でも、たとえば吉増剛造さんの詩などは、同時に「めっちゃかっこいい！」とも思いました。

尾崎　ということは、わからないしかっこ良くもない、単なる「わからない」詩もあるということですよね。

最果　「わからない」と「わからないけどかっこいい」は全然違うというか、別次元のものだと思っています。いい作品には、わからないと思わせてくれる強さがあるんです。その強さの前ではこちらも思考停止して、素直にわからないと言える。単に「わからない」ものは、わからないと言うことにも勇気がいるし、「これは……わたしが悪いのか？」という戸惑いが生まれます。いい作品は、作品から「わからなくていいよ」

と言われている感じがするんです。現代詩はそこを追求している作品が多いので、単に「わからない」だけの作品は少ないと思いますね。

（二〇一九年二月、東京にて）

×金原ひとみ

気がつけば、恥ずかしいくらいいろんなことを引き出されていた。自分が諦めてきたことのほとんどを言葉にしてくれるから、話していてつい甘えてしまう。言葉の可能性と、言葉のキリの無さを改めて実感した。まだまだ知らない自分がある。ひとみ姉さん、勉強になりました。

物語のなかにいる気持ちにさせてくれる音楽

金原 私、クリープハイプが大好きなんです……。初期のヒリヒリする感じも、最近の包み込まれる感じも好きで。

尾崎 ありがとうございます。いつ、どういうきっかけで知っていただいたんですか？

金原 実はわりと最近なんです。音楽自体は好きで、特に二十歳前後の頃はライブハウスにもよく行っていました。でも子どもができて、音楽から離れてしまって。その後フランスに行ったこともあり、しばらく日本の音楽からは離れていました。昨年（二〇一八年）帰国して、落ち着いてから、友達とカラオケに行った時に「女々《めめ》しい男性ボーカルの歌が聴きたい」とリクエストしたら友達が歌ってくれたのがクリープハイプだったんです。

尾崎 女々しい（笑）。どの曲ですか？

金原 『オレンジ』です。そこから聴くようになりました。去年、『RADIO CRAZY』（※大阪のラジオ局FM８０２が主催する屋内ロックフェス。インテックス大阪にて、二〇〇九年より毎年十二月下旬に開催されている）に行ったんですけど、時間の都合でクリープさんのステージを観ることができなかったんです。聴き逃しちゃった……とすごく心残りでした。帰りの電車ではその日のセトリやMCをずっと調べていて、それをもとにプレイリストをつくって聴いていたらさらに沼にハマってしまった。観られなかったことによって強烈な執着心が芽生えてしまったんですね。それからは、ライブの先行予約に申し込んでは落ち続ける日々。「なんであの時観られなかったんだー！」と毎日思っています……。

尾崎 モノ以上にその状況に執着するという経験は僕にもあるので、そういう気持ちはとてもわかります。

金原 でも今度、『WILD BUNCH FEST.』（※山口県の山口きらら博記念公園で開催される中国地方最大規模の野外音楽イベント。二〇一三年から毎年八月下旬に開催されている）を観に行くんです！

尾崎 どうしていつも地方なんですか（笑）。東京でもライブはやっているのに。

金原 チケットが取れないんですよ……。もう、クリープが観られるならどこでもいい、どこまででも行ってやろう！と思って。つい先日も、名古屋ダイアモンドホールで開催されるSaucy Dog（※サウシー・ドッグ＝三人組ロックバンド）さんとの対バンライブに申し込みました。落ちましたけど……。

尾崎　Saucy Dogも聴いているんですね。『コンタクトケース』という曲を聴きながら帰りの夜道を歩いていると、ドラマの主人公になったような気分になります。いい曲ですよね……って、なんで後輩の曲の話をしているんだ（笑）。

金原　それはクリープハイプもそうです。クリープの曲は、常に物語のなかにいる気持ちにさせてくれるんです。私、執筆している時は洋楽かクラブミュージックを小さい音で流すことが多いんですけど、クリープは聴きながらでも執筆できるんです。日本の音楽でこんなにシンクロできるバンドは初めてです。

尾崎　すごくうれしいです。執筆している時は何を考えながら書いているんですか？

金原　わりと無になって書いています。多少ストーリーの展開を考えることはあるけど、細かいディテールはそれほど考えずに書き始めるタイプで。パソコンの前で「……今だ！」という感じで押し出します。

尾崎　じゃあ、書けない時は全然進まないですか？

金原　そうなんです。今日は何枚進める、という目標を達成できないことが多くて。ガーッと書けてしまう時もあれば、ずっと進まない時もある。

尾崎　それは意外でした。金原さんの小説はかちっと丁寧に書かれていて、完璧に伝わってくる作品なので。

金原　推敲《すいこう》に時間をかけているからかもしれません。最初は勢いで書くけど、それと同じくらいの時間を推敲にあてているんです。

どうしようもない気持ちを書き連ねていた

尾崎　原稿を直すことに抵抗はないですか？

金原　デビュー当時はかなり抵抗がありました。自分から出てきたそのままの言葉に対して無邪気な自信があったんですね。でも編集の方々から指摘されるなかで、それを突っぱねたい気持ちと、納得する気持ちの両方があって。その視点が次第に自分のなかに内包できるようになっていったのかなと思います。尾崎さんはどうですか？　私、『祐介』と『犬も食わない』が大好きなんです。この二作を書けるって、もう何でも書けるってことじゃないですか？　狂気を感じますよ。

尾崎　『祐介』を書いていたのは、満足に声が出なくて歌えなくなった時期だったんです。フェスに出る度に最悪の結果で、ネットにも文句をたくさん書かれていて。それらを全部エゴサーチで見つけ出して、一日にどれだけ文句を言われているのか数えてメモしていました。「昨日は二十八個だった。今日は十五個しかなかった」と。

金原　ええーっ！　……すごい、かっこいい。

尾崎　そうやって傷を見て落ち込んでいました。その頃に文藝春秋の編集者の方と出会って、小説を書いてみないかと言っていただいたんです。僕は写真が好きで、以前、写真家の方々を特集する雑誌をつくったんです。その雑誌に書いた「ピンクソーダ」という短編小説がきっかけでした。

金原　どんな小説だったんですか？

尾崎　京都の小さなヘルスが舞台になっています。お店に入ったはいいものの、急に怖くなって、「こういうのって、病気になったりすることって……ないんですよね？」とすごく失礼なことを聞いてきたお客に「ないけど。気になるんだったらやめれば」とお店の女性は冷たく言うんです。終わったあと女性が片付けているあいだ、間の抜けたハワイアンが部屋には流れていてその時に、ああこの人はずっとこの狭くて湿度の高い部屋で過ごしていて、たまにきたお客に「病気は大丈夫ですか」なんて失礼なことを言われて、さぞ腹が立っているだろうなとお客は思うんです。そうしたら、急にその人のことが愛《いと》おしくなって……その後にとんでもない行動に出る、という話です。

金原　えー私それ読んでない！　読みます！

尾崎　すごく気持ち悪い小説なんですけど、それがつながって今に至っています。本当にひどい時期だったから、どうしようもない気持ちや呪いのような思いを書き連ねていました。

親が地元に住めなくなるくらい恥ずかしいものを書いていけ

尾崎　音楽にはわかりやすいリアクションがあります。ライブをやればお客さんが盛り上がってくれるので。それはそれでうれしいけれど、何かが違うなという違和感がずっとあったんです。たった五分程度の曲でこれだけ反応が返ってくるのはおかしいんじゃないか。本当に伝わっているんだろうかと。もっとしっかり追究したいという思いが募っていって、小説を書くに至りました。でも、全然書けないんです。自分が考えているところになかなかたどり着かない。小説を書くことはこんなに難しいことなんだと驚きました。それと同時に、これほどできないことがあるのはすごく恵まれているとも思ったんです。曲づくりにもレコーディングにも慣れてきて、やや流れ作業になってしまっていた時期だったので、圧倒的にできないものを前にして悔しさとうれしさを感じたんです。金原さんは、小説を書く以外に何か表現をしていたことはありますか？

金原 ほとんどないです。一度、Ｃｈａｒａさんの曲の歌詞を書いたことがあるんですけど、自分には向いていないと思いました。詩や俳句のように一つの言葉で十を伝えるような表現が苦手なんです。ネチネチ書くしか伝えようがなくて、エッセイも小説的になってしまいます。以前、日記をつけようと思ったことがあったんですけど、「今日は○○を食べて、寝た」くらいしか書けなかった。自分の表現がこんなにも乏しいのかと驚きました。何かしらのストーリーに乗せないと何も表現できないという無力感を味わっただけでした。

尾崎 僕はその逆で、短い文で表現することの方が得意です。でも、歌詞を評価されても確信が持てなかったんですよね。自分がいいと思って書いた歌詞と、お客さんが感動してくれた歌詞は、はたして本当に同じものなんだろうか。つくった時の感動とその人が聴いた時の感動には、乖離《かいり》があるんじゃないか。あれだけの短い分量で伝わるはずがないんじゃないか。そんな疑いがありました。小説の場合は、歌詞に比べればその心配は少ないですよね。

金原 小説は、自分の内臓まで見せているようなものですからね。

尾崎 そうですね。だからずっと劣等感を抱いていたんです。まわりのアーティストに対しても「こんな歌詞を書いているけれど、この人、本当はどう思っているんだろう?」と思っていました。人気があって評価もされているけれど、きっと一〇〇%言いきっているわけではない。だとすると、余白を埋めているのはお客さんとの信頼関係なんじゃないかって。

金原 そうだったんですね……。でも私は、尾崎さんの文章や歌詞にめちゃくちゃ強度を感じます。ネチネチ書いている自分が惨めに思えるほど端的な言葉で行間や背景を伝えていますよね。羨ましいと思うでもなく、ただただ「この世界が愛しい……」という気持ちで見つめていました。

尾崎 ないものねだりなのかもしれませんね。文章を削ることに対する恐怖心なんて昔はなかったけれど、三十代になってすごく大きくなりました。金原さんの場合はどうでしょうか? 年齢を重ねるごとに考え方は変化しているんでしょうか。

金原 私はフラットに小説と自分の関係を捉えていて、良くも悪くも、読者がどう感じるかということに無頓着なままやってきたと思っています。共感しすぎないようにしてきたというか。人がどう感じるか、わかるかわからないか、そういうことを考えるのを避けてきたのかもしれない。個人的な話ですけど、私がデビューした時、翻訳家の父

（※翻訳家・児童文学研究家の金原瑞人）が「親が地元に住めなくなるくらい恥ずかしいものを書いていけ」と言ってくれたんです。その言葉は、どこかでずっと私の支えになっているんですね。

尾崎 それはすごい言葉ですね。

金原 執筆中に迷った時、いつも蘇《よみがえ》ってくる言葉の一つです。一方、同じデビュー作を読んで母が放った言葉は「セックスシーンは減らせないの？」でした。それ以降、母とはしばらく連絡を絶ってしまったんですが……同じものを読んでも、両親ですらまったく違う反応をするんですね。

尾崎 でも、お母さんが言ったような感覚も自分のなかにあるんですか。

金原 どうなんでしょう。私は母に対して反発心しかなかったと思っているし、いまだに反発し続けているんですけど。

善人にも悪人にもなれない生きづらさ

尾崎 そういう気持ちは、お子さんを出産しても変わらないですか？

金原　変わらないですね。たとえそれが家族であっても、人として合わない人とは合わないという気持ちが強くあるんです。両極端な受容と拒絶を間近で感じてきたからこそ、誰が読んでいるかもわからない曖昧な「読者」に対して何かを求めることは、そもそも不可能なんじゃないかという諦めに近い気持ちがあります。

尾崎　なるほど。でも逆に、見ず知らずの人だからこそ頼れることもありますよね。この人に依存することはないとわかっているからこそ気楽にいられるという。僕は、お客さんのことを家族ではなく恋人だと思っているんです。ずっと一緒にいられるわけではない、いずれいなくなるかもしれないと思っている。いつか別れる前提で付き合っているんです。だからこそ切実な気持ちを吐露できる。お客さんは通り過ぎていくもので、その上で自分も成長すると思っています。

金原　でもその乖離によって自分がつらい思いをすることはないんですか？　私は『祐介』と『犬も食わない』を読んで、尾崎さんにはかなり器用な部分とかなり不器用な部分が混在していると感じました。そしてこの二作を書き分けられてしまう尾崎さんは、ものすごく器用なんだろうなとも感じたんです。

尾崎　人に対して諦めていたり、信用していなかったりする部分はあります。そういう俯瞰的で醒《さ》めた目線は、曲づくりにおいても大事にしていますね。自分の欠点はいずれバレるし、あとからバレることがいちばん恥ずかしい。だったら最初から全部晒《さら》して、クリンチしてしまえと。下手に距離を取ろうとするから痛いパンチが飛んでくるんですよね。読者に対する距離感についてはどう考えていますか？

金原 私はあまり気にしないですね。反応も極端なものが多いです。読んでいて泣いてしまうようなファンレターも時々あるけど、強烈な断絶を感じるリアクションも同じくらいあります。デビューしてから数年間は、自分のおすすめを定期的に送ってくれる人がいました。おすすめの釣り堀とか。

尾崎 え？　おすすめの本とかではなく？

金原 ではなく、おすすめの車屋さんとか。

尾崎 変わった人がいるんですね（笑）。

金原 その人のことは何となく印象に残っていますが、熱狂的なファンはそれほどいないですね。たまに感想を送ってくれる人はわりと好意的。だからあまり読者に対しての距離感を考えずにやってこられたのかもしれません。ただ、デビュー当時の『蛇にピアス』『アッシュベイビー』の頃は、読者アンケートのハガキに「死ね」とか「集英社の本は二度と買わない」というものもありました。そういう感想をフラットに読んできたから耐性がついたのかもしれません。

尾崎　それはひどい。僕は「アナルにバイブを突っ込んだみたいな声だ」と言われたことがあります。どんな声だよ（笑）。チケットを取れずに悔しがっている人の身にもなってほしい。

金原　本当ですよ！

尾崎　ただ、最近よく思うんですけど、ものすごく嫌な人って実はあまりいないんですよね。話してみると仲良くなってしまう。

金原　そうなんですよね。私はすごい悪役が出てくる話にだんだんリアリティーを感じられなくなってきました。

尾崎　善人でもないけれど悪人でもない、そんな生きづらさがあると思います。最近の金原さんの作品はそういった部分を深く描いていますよね。

金原　自分といちばん遠いと思っていた人が、ある瞬間をきっかけにふっと身近になる、そんな瞬間が訪れることが最近よくあります。フランスに住んでいた時、日本にいたら絶対に知り合わなかったであろう人たちと交流してさまざまな価値観に触れているうち、それまでの自分はみずから居場所を狭めていたんだと気付きました。やっぱり、人それぞれいろんな言い分があるんですよね。私は元々、人を拒絶しがちな人間なので、以前はそれほど人と話し合うことがなかったんです。子どもを保育園に通わせていた時だって誰ひとりママ友ができなかったし。もちろん当時は世の中が求める母親像に対してすごく腹が立っていた時期でもあったから、ベビーカーを押しながらタバコを吸って、社会に喧嘩を売るような態度をとっていたからなんですけど（笑）。

尾崎 でもそれは、一般的に「正常」とされている視線が金原さんにそうさせていたんじゃないですか？　ある種の期待に応えているような。ヤンキーだって芯から悪いわけではなくて、周囲が先にヤンキー像をつくり出してしまうから、それに嵌《は》まっていく。なかにはそんな人だっていると思うんです。僕は周囲の人たちに気難しい人だと認識されているけれど、周りがそう思っていると、なんとなくそういう人間になっていくんですよね。

金原 キャラをお膳立てされちゃっている感覚はありますよね。

尾崎 そうです。それで「お酒飲まなきゃ対談できないから」なんて気を使われてしまうんです（※この日の対談は缶ビールとハイボール缶を飲みながら行われた）。今のは半分冗談ですが、自分が正しいと思っている人たちの思い込みによって、いわゆる「悪い人」が生まれてしまうのではないかと思います。

金原 そうですよね。私もデビュー当時はなぜかすごく怖い人だと思われていて、取材では「会うと意外と普通なんですね」と言われることがありました。その度に、ああ期待に応えられなかったな、と思っていました。

『苦汁100%』はスカトロ？

尾崎 取材を受けることに対する感覚は、昔と今とで変わりましたか？

金原 もうデビューから十五年以上経っているので、さすがに私がそれほどイキった人間ではないということは浸透してきたと思います。子どももいるし、世間的なイメージとしてゆるい見方をされるようになったとも感じていますね。出産当時はそれにモヤモヤしたこともあったんですけど、最近は自分のなかで釣り合いが取れてきたように思います。

尾崎 先ほど「そもそも〝読者〟に何かを求めることは不可能」という話がありましたが、作品自体を売りたい、広めたいという気持ちも、もちろんあるんですよね。

金原 もちろんありますけど、いかにも売ろうとしている小説を読むと苦しくなりますね。好きだった作家の新作を読んで「あ、ここで泣かせようとしてる」と読み取れてしまった瞬間は、とてもつらいです。自分もそこに至ってしまえば受け入れられるのかもしれないという気持ちと、こうやって引いている自分もいるという、そのあいだでバランスをとろうとし続けています。

尾崎 それは、売れたミュージシャンが宇宙のことを歌うのに似ていると思いました。以前はあんなに身近な生活を歌っていたのに、急に歌詞が壮大になる。

金原 該当するバンドがいくつか思い浮かびます（笑）。

尾崎 ただ、それはこちら側の勝手なイメージでもあるんですけどね。彼らにとってはそれがリアルなことでもある。実際に売れて生活が変わっているわけだから。

金原 そうですね。だから本当にリアルになった時に、尾崎さんにも星の歌を歌ってもらいたいなと思います（笑）。

尾崎 でもあながち冗談でもなくて、それは壮大なテーマを選ぶほどの結果を出しているということだし、逆を言えばメシが食えて多少の贅沢《ぜいたく》もできるくらい結果が出ているのに、「四畳半で生活していて水道が止まった」とは歌えないですからね。その時その時で、しっかりリアルを歌っていきたいです。

金原 それは痛感します。私は十代の頃に六畳一間で彼氏と同棲しながらチラシの裏に書いていた小説でデビューしたんですけど、その後の生活と当時のことは完全に切り離されてしまっているから、同じメンタリティーではいられないんですよね。当時を思い出しながら書くことはできても、あの時の自分に完全に憑依《ひょうい》することはできない。だから今、あえて下流の人たちのことを書いて同情を得ようとしている人たちを見ると「自分はいい生活してるくせに！」と思ってしまいます。

尾崎 ファッション貧乏ですよね。僕は今、満たされていることに満たされなくなっているという感覚があります。作品を書き続けなくてはいけないけれど、次に何を書けばいいのか時々迷うんです。頑張りすぎると「変わった」と言われるし。

金原 いや、私は、今の尾崎さんを読みたいです！ 個人的に、書いた人自身が主人公のように感じられる小説に対してフェチのようなものを感じてしまうんです。そういう意味でも、尾崎さんの小説には尾崎さん自身を感じるからすごく好きなんです。

尾崎 金原さんの作品も、自分を反映させている部分が多いですよね？

金原 そうですね。架空のキャラクターでも自分の要素が入り込むタイプです。

尾崎 「ストロングゼロ」を読んだ時は「これで金原さんがお酒を飲まない人だったら嫌だな」と思いました（笑）。この対談が決まった時も、真っ先にスタッフの方と「金原さんってお酒飲むのかな？」「あれだけお酒のこと書いてるんだからさすがに飲むでしょう」「いや、逆に飲まないからこそ書けるのかもしれない」という話をしていました（笑）。

金原 そりゃあ飲みますよー！　私は尾崎さんの本は『祐介』『犬も食わない』『苦汁100%』の順に読んでいったんですけど、『苦汁100%』なんて、本当に本人の生活が丸見えじゃないですか。

尾崎 あれは露出狂みたいな気持ちで書いていました。

金原 やっぱり！

尾崎 自分を好きでいてくれるファンを想定読者として書いていたけれど、好きな相手だからこそ、自分の嫌な部分を見せるのは難しいですよね。「見るの？　だったら全部見せるよ？」という気持ちでした。

金原 いやそりゃあ見るしかないでしょ！

尾崎 だからこそ、失望されることへの怖さもありました。

金原 失望なんてしないですよ！　でもその感覚はスカトロに近いですね。「やっていいの？」「いいよ」というやり取りがありつつも、実際にやったら引かれてしまうかもしれないという恐怖があり、それを乗り越えた上にある信頼関係で成り立つもの。自分の本音は、ストーリーにした時ほどはっきり出てしまうものだと思うんです。それが人に受け入れられた時には「スカトロ関係を達成した」という盛り上がりがある。だからこそ、その人自身が作品に滲《にじ》み出ているものじゃないとグッとこないんだろうなと思います。

尾崎 よくわかります。僕はストーリーと絵をそれぞれ別の方が書いている漫画や、ボーカルが曲をつくっていないバンドにも若干の違和感があるんです。作詞はボーカルだけど作曲がバンド名でクレジットされていると、少しガッカリしてしまう。ファンとして音楽を聴く時は、まずCDのクレジットを見て、ボーカルが曲をつくっているかどうかで判断していました。ちなみに、二十代の頃はどんなバンドを観に行っていたんですか？

金原 その頃はELLEGARDEN（エルレガーデン）がすごく好きで、エルレのライブばかり行っていました。活動再開してからまだ観に行けていないんです。活動休止の前年、ツアーチケットを取っていたんですけど、ちょうど妊娠が発覚して、行けなくなってしまって。そのままバンドは活動休止してしまいました。だからつらくて、つらくて……。

尾崎 ELLEGARDENは僕らの世代のど真ん中に直撃したバンドですからね。でもELLEGARDENが大ブレイクしていた頃は、個人的にすごく大変な時期でした。バンドメンバーもいなかったし、お金もなくて。だから僕は複雑な気持ちで聴いていました。

金原 バンドマンってそういう話が結構ありますよね。

尾崎 当時はお金がないことがかっこいいと思っていて、貧乏に憧れてお金を捨てようとしたこともありました（笑）。でも、どう堕落しようとしても、最低限生活できるぶんは残してしまうんです。その残ったぶんがまるまる自分の弱さだと思っていました。そして、その弱さを表現できるミュージシャンになろうと思いました。堕落しきれない、どうしても残ってしまうところを表現しようと。

金原 私も、いわゆる無頼派の作家に対して疑問を持つことがあります。年配の方のなかには、いまだに「不幸になってこそ作家だ」と言う方もいますよね。でも私は「いや、作家こそ幸せにならなきゃだし、ていうか幸せでしょ！」と思っています。人の道を外れることが作家としての正しいあり方だという考えは、今の時代はもう通用しないと思います。『犬も食わない』の主人公は、自分がリストラされたと嘘をつきますよね。そういう逆の嘘をつくことはすごく現代らしいと思うんです。昔の作家なら、本当に仕事をやめた人を書く。でも尾崎さんは、やめるのではなく、やめたという嘘をついてじたばたする人間を描いている。更新すべきところをちゃんと更新してくれているんです。あの作品はヒモ文学を更新していると思います。

尾崎 確かに、ヒモだって昔とは変わっていますよね。ネオニートならぬ、ネオヒモとでも言うべきか。

金原　ネオヒモ（笑）。

意志なんてものはない

尾崎　金原さんの作品にも、破綻しきれずに生きてしまえる悲しさを感じます。たとえば「ストロングゼロ」なら、毎朝会社で酒を飲んでいるのに、それを隠して周囲を騙しながら、一見普通に働けてしまうという悲しさ。もっと早く自分の危うさを見つけてもらえたら楽になれるのに、取り繕って生きてしまえるやりきれなさ。読んでいて、これは水のなかに潜って息を止めている感覚に近いと思ったんです。ああいうふうに書きされるのは、実際に金原さんが息を止めて我慢しているからなんじゃないか。それはすごくしんどいことだし、自分にはできないことです。

金原　……すごい、そういうのってわかるんですね。なんだか今、熱があがった気がする、手が熱い（笑）。こういう感想は初めてで、ちょっと戸惑っています。

尾崎　死にきれなさのようなものを感じるんです。きっと今はそういう時代なんでしょうね。

金原　ものすごい虚無を抱えた人がごく普通に生きられてしまう世の中になっていると思います。私も新刊が出ればうれしいし、当たり前のように新しい小説について語ることもあるけど、そのなかで確実に蝕《むしば》まれているものがあると思っていて。この二十年間、「なんでこんなにつらいんだろう」という気持ちをずっと持て余しながら生きてきました。それはきっとこの先も変わらないんだろうと思います。最近受けた取材の話なんですが、「デビューした時に自分が思い描いていた未来像と今の自分を比べてみて、どうですか?」という質問をされたんです。

尾崎　それは……かなり雑で、暴力的な質問ですね。

金原　その瞬間、頭がポーンと飛んでしまって。ワケがわからなくなってしまったんです。もちろん、未来への理想を抱けるほど余裕のある生き方をしていなかったからでもあるけど、それ以上に人生に対するスタンスの違いが衝撃的で。こういう質問には慣れていたはずなのに、話しながら泣きそうになってしまいました。確かに今の私は過去の私が想像していた私ではない……と考えているうちにどんどんつらくなってしまって。

尾崎　鳥の巣から卵を奪うような質問だと思います。産む時の苦しみなんて全然考慮していない。いくら取材時間や文字数が限られているとはいえ、その質問はちょっとひどいと思います。

金原　同年代の人たちの質問に答えるという趣旨の企画で、「結婚すべきかどうか？」という話の流れではあったんです。だけど、結婚すべきか子どもを産むべきかという質問は、根本にある大事なものを無視している気がするんです。そもそも何かのために生きることができない人の気持ちを完全に度外視しているじゃないですか。私は、べつに子どもを産みたくて産んだわけではなかったし、結婚したくて結婚したわけでもなかった。ただ荒波に呑《の》まれるようにして今に至っているだけなんです。そうした「どうしようもなさ」を、この質問は完全に無視している。何かしら自分の意志を持ってここまで生きてきたんだろうという前提に立っている。

尾崎　意志があるという状態はほんの数十秒程度しかなくて、それが連続して、たまたま見る人が見た時に意志のように見えているんじゃないかと思っていて。基本的に、意志なんてものはないですよね。

金原　そうですね。消極的選択というか、「こうするしかない」の繰り返しだと思います。

尾崎　常に意志があると信じ込んでいる人が、そんな暴力的な質問をするのかもしれないですね。本当に自分と向き合って作品をつくっている人には逆に意志なんてないのかもしれません。自分の弱さ、至らなさ、足りなさに向き合えないから、意志を前提にして安易な断言をしてしまう。

金原　そういう人々が意志によって築き上げたと思っているものが幻想に過ぎないのだということを知らしめるための小説を、まだまだ書き続けないとと思います。

有耶無耶のなかにしか自分なんてない

尾崎　ものすごく危ない状態で、生きていることがギリギリな人たちがたくさんいる。それでも普通に仕事をして毎日を過ごしている。「ストロングゼロ」はそんな物語で、あの話のなかに自分がいてもおかしくないと思いました。そして、ああいう表現を自分は音楽でやらなければいけないとも思いました。本当につらい状況にいる人には、まだ自分の音楽が届ききっていない気がしているんです。

金原　いや、届いてますよ！　私に届いたくらいなんだからかなり下層の人間にまで届いているはずです。この層の人たちにもっともっと染み込んでいってくれたらいいなと思うし、きっとそうなるだろうから、すごく楽しみです。

尾崎　「クリープって○○なバンドだよね」「いや、違うよ○○だよ」という声が全部的外れだと、その分まだまだやれるなと思いますね。完全に理解されるのは怖いけれど、かといってまったく理解されないのも嫌なんです。結局、自分はワガママを言っているだけなんだと思います。表現に対して、音楽や文学の果てしなさに甘えているんですね。

金原　日記や詩や俳句って、身も蓋もない感じがするじゃないですか。私は、その身も蓋もなさから身を隠すために小説を書いているのかもしれないと思っています。有耶無耶《うやむや》のなかにしか自分なんてないという感覚があるんです。自分はこうだと主張するような信念もないし、かといって信念がまったくないわけでもない。こうだとは言えないけど、こうではないとも言えない、その曖昧さ。ストーリーはそういう自分を覆ってくれる安心感があるんです。だからストーリーに身を委ねて本を読むし、書く時もそのどうしようもなさを本に委ねてしまう。そういう意味で、どこかとどこかの中間地点こそ自分が取らざるを得ない立場なのだと思います。

尾崎　その中間地点の居心地は、悪くはないんでしょうか?

金原　どちらにも行けないという気持ちは小さい頃からずっとあったんです。だから良い悪いではなく、もうそこでやっていくしかない、という気持ちです。

尾崎　それを「過去の自分から見てどうですか」なんて聞かれても、「知らねえよ」としか答えようがないですよね。そういう思いをするのは表現をしているからこそだし、だけどその上でそこに何か気持ちを乗せられるのも、こういう仕事をしているからこそですよね。

金原 そうですね。実際にこうやって対談したり、エッセイに書いたりすることもできる。尾崎さんだったらラジオでしゃべることもできる。

尾崎 何かに昇華することができず迷う人たちにこそ、音楽や言葉をしっかり届けていきたいですね。

わかり合えない、というところでわかり合うしかない

金原 もう少し音楽について話したいんですけど、私は、尾崎さんのMCも大好きなんです。セックスにたとえてライブを語る部分がすごく魅力的で。最近もスマホで調べていたら「優しい気持ちになってしっとりと始めてみました。その方が痛くないと思ったんですけど、濡れました？」というMCを見つけてしまいました。

尾崎 それは『5％』という曲を歌ったあとのMCですね。「僕はドSなので普段は前戯な

んてしないんだけど、今日はやりました」という。でも、こんなこと言っていますけど、実際の僕のセックスは本当につまらないんです。教科書に載せても差し支えないくらい平均的なセックスだと思う。

金原 いや、それは微妙なところだと思いますよ。尾崎さんが思っているよりも世の中は「なんでもないセックス」であふれていると思う。自分が平均だと思える人は、たぶん平均を上回っているから。「セックスの歌を歌います」という前振りも好きです。

尾崎 あれは「クリープのセックスの曲だけ見たら次行こうぜ」と言っている、フェスで盛り上がりたいだけの人に対する揶揄《やゆ》でもあるんですけどね。

金原 セックスの曲、ですっかり皆に浸透しているのがそもそもすごいと思います。楽曲にも性のモチーフは巧みに取り入れられていますよね。『イノチミジカシコイセヨオトメ』とか。

尾崎 『イノチミジカシコイセヨオトメ』は、朝の五時頃、ベッドに寝転がってギターを抱えながら「生きていても希望なんてないなあ」と思っていた時にできた曲なんです。金もなければ、バンドメンバーもいない頃でした。やりきれない気持ちが急に溢《あふ》れてきて、歌詞もメロディーも同時にできたんです。あんなふうに一度にできたことは、あの曲以来ありません。初めて音楽が、自分の人生の荷物を持ってくれたと感じられた瞬間でした。この曲をやるためにもメンバーを探さなければと強く思いました。

金原　でも、すぐにメンバーは見つからなかった。

尾崎　そうなんです。メンバーさえいれば絶対に売れると思いながら、「この人もわかってくれない」といつも人のせいにしていました。要するに甘えていたんです。今にして思えば、「わかってくれない」という方向にわざと自分から仕向けていたんですね。

金原　それって、恋愛と同じですね。どうせわかってくれないんだからと拒絶したあげくに、向こうから別れを切り出させるという。

尾崎　自分が傷付きたくないからそういう対応をしてしまうんですよね。でも今のメンバーと出会った時、このメンバーでダメならもう本当にダメなんだろうなと思いました。そうして彼らが正式メンバーになってくれて、今年で十年です。ベースの長谷川カオナシは、もともと三年でバンドをやめる約束だったんです。彼はソロで活動していて、自分で歌も歌っていました。その後メジャーデビューをして、数年後クリープハイプはレコード会社を移籍することになって。いちばん大変な時期で、ある時思わず「今やめられたら本当にやばいな……」と本音を漏らしたことがありました。そうしたら彼は「そんなことまだ覚えてたんですか？　ここでやめるわけないじゃないですか。僕はベーシストとしてクリープハイプでやっていきますよ」と言ってくれたんです。

金原　素敵な話ですね……。咳《せき》をしても一人、の作家としてはそういう関係性にめちゃくちゃ憧れます。いいなあ。

尾崎　クリープハイプはもともと友達同士のつながりだったわけではなく、バンドをやるために集まったメンバーなので、少し特殊な関係だと思うんですね。でも、だからこそ、そのつながりを最近は強く感じています。「他人同士はわかり合えない」というところでわかり合っていこうと思っています。

金原　今それを聞いて思ったんですけど、確かにクリープハイプからは馴《な》れ合いをまったく感じないですね。尾崎さんがやりたいことをちゃんとやっていて、それを編集・構成する要素がきちんと集まっている印象を受けます。もちろんそれ自体尊いものが集まっているにもかかわらず、全員が同じ目標を目指していて、その結果、きれいなピラミッドが構築されている。それに触れられることが、私はうれしいんです。

尾崎　それはすごくうれしい感想です。なんだか、胸がいっぱいになりました。

金原　私こそ胸がいっぱいです。「クリープハイプが好きだ！　尾崎さんと対談したい！」と言い続けていたので……素敵な時間を本当にありがとうございました。

（二〇一九年五月、東京・築地にて）

×那須川天心

撮影中、先を歩くその後ろ姿に、やけに親しみを覚えた。圧倒的なのに、なぜか、ぽんと触れたくなるような背中だった。だからこそ、リングで闘うその姿に、あんなにも託せるんだろう。これから何と闘って、何に勝つのか。それをいつまでも見ていたいと思った。

思考と身体の結びつきについて

尾崎 那須川さんを見て、「久しぶりに少年漫画の主人公みたいな人が出てきた」と思ったんです。これまでの選手と少し違う気がしました。何か面白いことをやってくれるんじゃないかというワクワク感と同時に安心感があるんです。そういった選手は、山本〝KID〟徳郁さん以来かもしれないです。だから、那須川さんがどんな考えを持っているのかを知りたかったんです。いちばん気になるのは、思考と身体がどう結びついているのかということです。

那須川 ありがとうございます。自分は反復練習をたくさんやるんですが、イメージ力が人よりも強いと思っています。試合では派手な技を出しますけど、練習は基本ばかりで、地味なことしかやっていないんです。ただ、相手を実際の何倍も強いと想定して練習しています。自分のスタイルは、今まであまり見たことがないスタイルだと思うんです。これまでの格闘技は、前に出てお互い打ち合って血だらけになるようなイメージが強かったですよね。自分は足を使っていろんな技を出して、相手の技を当てさせずに自分の攻撃を当てるスタイルです。

尾崎　確かに、相手の技をたくさんよけている印象があります。

那須川　それを「逃げ」だと言われることもあって、特に初期の頃にはそういう声も多かったです。でもそれで勝っているわけですからね。最近は自分みたいなスタイルの人も増えましたし、このスタイルの対策としてあえて前にどんどんくる選手も増えました。

尾崎　そうやって相手の技をよけているところを見ると、やはり今までの選手とは違うなと感じます。那須川さんの防御は、攻撃と同じくらい、観ていて楽しいんです。いとも簡単によけているように見えてしまって現実離れしているから、漫画を読んでいるような感覚にさえなります。でも、すべての攻撃をかわすことは不可能ですよね。時には相手の攻撃を食らうこともあると思います。そういう瞬間は、自分の積み重ねてきたイメージが壊れるものなのでしょうか。

那須川　いや、壊れはしないですね。「あ、失敗したな」と思うくらいです。まったく見えていないパンチはもらったことがないんです。「見えていない」というのは、目を閉じてしまったり、顔を背けてしまったりする瞬間にもらうパンチのことで、それをもらうと本当に効いてしまうんですけど、そんなことはこれまでほぼありませんでした。パンチがちゃんと見えていれば、よけるかガードするかという選択肢がありますよね。よける際も、これはフェイントかもしれないなと予想しながらよけることができれば、仮に当たったとしても真正面からもらうのではなく、衝撃を流しながら当たることができます。一つひとつの技に対してよける／よけた後どうする、というゲームのコマンドのようなものが頭にパッと出てきて、その通りに身体を動かしている、という感覚です。

尾崎 なるほど。試合は相手がいて成立するものだから、少しずつ自分の持っていたイメージとのズレが生じると思うんです。そういう時、思考と身体を一致させる努力というのは特にしないものなんですか？

那須川 それは練習でしていますね。試合ではあまり考えません。考えて行動するのと無意識で行動するのとでは、コンマ数秒の違いが生まれます。格闘技はそのコンマ数秒でやられてしまうんです。何をやるか意識して練習を重ねることで、それは次第に無意識に変わっていきます。無意識に変われば強いパンチも打てますし、速い動きもできます。

尾崎 反復練習を重ねて、無意識に変えることが重要なんですね。試合中はまったく何も考えないんですか？

那須川 特に何も考えないです。相手の嫌なことをしようとは考えますけど、でも基本的には準備してきたものや瞬時にコマンドを出しているだけです。

身体と言葉と、その間にある音

尾崎　コマンドが出るという表現は面白いですね。

那須川　相手の反応によってコマンドは変わっていくんです。一つ技を出してみて、それが効かなければ違う餌をまいてみる。その反応次第で「だったら次はこうしよう」と変えていく。それができる選手がいい選手だと思います。できない選手もいるんです。駆け引きを無視してひたすら打ってくる選手とか。そういう相手は、ちょっとやりづらいですね。

尾崎　そういう人たちは結果を出しているんですか？

那須川　勝ち負けのアップダウンが激しいです。いい時はKOで勝つけど、悪い時はあっさりKOで負けてしまうことが多いです。

尾崎　試合では無意識に行動する一方、練習では頭を使って考える。つまり、頭のなかで言葉を使っているわけですよね。人に技を教わる時も、まずは教えられたことの意味を理解しようとすると本に書かれていました（那須川天心『覚醒』）。ということは、技を覚える前に言葉があるということですか？

那須川 誰かに技を教わる時はそうです。自分のなかから技が出てくる時は、イメージが先です。

尾崎 イメージが先にあって、後から言葉が追い付いてくる感覚ですか？

那須川 そうですね、後です。でもそこには絶対に言葉があります。言葉になる前の音であることも多いですね。「ババン！」「ババッ！」とか。擬音で会話ができる選手はいいと思います。「ここはババン！じゃなくてババッ！と」というふうに。

尾崎 それはきっと、後から時間をかければ文章にすることもできるんでしょうね。

那須川 そうですね。できると思います。でも言葉にする前に理解してくれよと思ってしまいます。

尾崎 言葉より音の方が早い／速いですし、言葉はそもそも音の組み合わせですからね。言葉で処理していたら、そのコンマ数秒でやられてしまう。だから格闘技は音で闘わなければいけない。身体と言葉の関係で考えていたけれど、その間には音があったんですね。

那須川 自分の場合はそうですね。言葉でしっかり説明しないとわからない人もいますし、試合中にすごく考える人もいます。でもそういう人は、相手の攻撃をたくさんもらっているような気がしますね。

尾崎　寝技はどうでしょう？　あれは音で表現できると思いますか？

那須川　寝技は難しいんじゃないでしょうか。あれはもう少し言葉に近い気がします。というのも、寝技は一瞬でキマることがほぼないんです。「ここをこう取ったらこっちが取れるから、こうする」という感じで技を出していくんです。

尾崎　将棋みたいですね。

那須川　それに比べるとキックボクシングは一瞬なので、言葉だとちょっと遅いかなという気がします。

痛みに強い人ほど、試合では強くない

尾崎　痛みに対する感覚や接し方も知りたいです。普段の生活でも痛みは感じるけれど、那須川さんはその何倍もの衝撃を受けていますよね。

那須川　基本的に自分は怖がりで、痛いのは嫌いです。だからこそ攻撃をもらわないように練習するし、試合中も相手をよく見るようにしています。攻撃をもらってもいいと思っ

て攻めてしまうと、それだけカウンターも食らいやすいんです。自分はなるべくもらわないように、リスクを背負わない打ち方を心がけています。

尾崎 それでも攻撃をもらってしまった時、身体の痛みによって自分の闘い方は変化するんですか？

那須川 そこはある程度は慣れましたね。痛いのは当たり前という感覚です。一般の方よりは殴られ慣れていると思いますし、そういう意味では自分にとって痛みは日常です。でも本当に痛いのは嫌なんです。痛みに強い人ほど、試合では強くないと思います。恐怖心はすごく大事ですね。

尾崎 試合中、どの瞬間にいちばん恐怖心が大きくなるんですか？

那須川 試合中よりも、試合当日までの恐怖心が大きいです。相手が決まるといろいろ想像しますし。でも想像することで、あの技をもらわないためにはこういう練習が必要だと考えてトレーニングしていくんです。それを繰り返すうちに「もう大丈夫だ」と感じる瞬間が訪れます。

尾崎 そうして実際の相手よりも強く想定することで、対戦した時に「想像よりも強くない」と感じるわけですね。

那須川 他の人はわからないですけど、自分はそういう意味でイメージ力が強いと思っていいます。

尾崎 だからこそ相手の攻撃をよけられるんですね。もうその動きをあらかじめ想定しているから。那須川さんの想定を超える選手はこれまでいたんでしょうか。

那須川 それはメイウェザーくらいですね。メイウェザーは想定を超えてきましたし、初めて試合中に怖いと感じました。体重差も相当ありましたし、あの恐怖感はもう味わえないと思います。

尾崎 格闘技をやっていないので、体重差というものにそこまでピンとこないんです。具体的にどう違うんですか？

那須川 すべてにおいて違います。自分が軽自動車だとしたら向こうはハイエース。それがガーンとぶつかり合ったらどうなるかということです。海外の選手は全体的に動きが速いですし、フィジカルも全然違います。だからあの試合は無謀でもありましたが、やって良かったと思っています。

尾崎 恐怖心が芽生えたのは、一発目のパンチが当たった瞬間ですか？

那須川 そうですね。正直「ヤバイな」と思いました。あれはこれまで受けたものと全然違う衝撃でした。でもある意味ではそれも想定通りというか、リング上で向かい合った瞬間に、相手の強さというのはだいたいわかるものなんです。前日の会見では感じなかったけど、リング上で向かい合った時のメイウェザーの圧力は、まったく違うものでした。

尾崎 メイウェザー戦はどれくらい前に決まったものだったんですか？

那須川 一カ月くらい前に急に言われたんです。なので「やります」と即答しました。

尾崎 テレビを観ていて「もしかしたら、いけるんじゃないか……？」と思っていました。やっぱり何かやってくれるような雰囲気があるんですよね。

那須川 格闘技を知っている人からすれば、自分がメイウェザーに勝つなんて絶対にありえないことだとわかっていたと思います。でも少なくない人が「何かやってくれるんじゃないか」と思ってくれたことは、すごくうれしかったです。

尾崎 あの試合を糧にして、もっと大きな何かを起こしてくれると信じています。今後さらにキャリアを重ねていった時、那須川さんが格闘技を背負っていくことになると思うのですが、そうなってからの活躍がすごく楽しみです。

那須川 ありがとうございます。でも「格闘技を背負う」という感覚にあまり囚《とら》われすぎるのも良くないと思っていて、もう少し大きい枠で考えているんです。来年以降もっと面白いことがやれそうなので、それが今の大きなモチベーションですね。

尾崎 「格闘技を盛り上げたい」とよく言っていますよね。

那須川　ボクシングや総合格闘技の場合、最終地点はＷＢＣ（World Boxing Council：プロボクシングの世界王座認定団体）やＵＦＣ（Ultimate Fighting Championship：アメリカ合衆国の総合格闘技団体）、ＯＮＥ（ONE Championship：アジア最大の格闘技団体）、ＲＩＺＩＮ（RIZIN FIGHTING FEDERATION：日本の総合格闘技団体）などですが、キックボクシングには世界の上位概念がないんです。それをつくりたいという思いがあります。自分の先に道は見えないけど後には道が見える、そんな状況にしたいんですよね。だから賛否両論ある企画にもどんどん挑戦したいです。

知っていく怖さ

尾崎　テレビをはじめとしたメディア出演も増えてきましたよね。

那須川　テレビに出る人って、本当に個性の塊のような方ばかりですよね。自分は変わった人が好きなので、練習する時間がしっかり確保できれば、これからもメディアには出たいと思っています。リラックスできますし、刺激的で楽しいです。

尾崎　試合だけでなく、テレビに出る時も常に平常心ですよね。

那須川「自分はこれだけやってきたんだ」という経験と自信のせいだと思います。子どもの頃やアマチュア時代はすごく緊張していました。

尾崎　やっぱり、メイウェザー戦は緊張しましたか？

那須川　あの時は緊張というよりもイライラしてしまいました。本当に試合をやるのかやらないのか、ということに始まり、計量もちゃんとやらないし、会見には大幅に遅れてくるし、試合直前にはバンデージの巻き直しを求めてくるし。そういうことの連続だったので乱されてしまって、平常心ではなかったと思います。それが相手のうまいところでした。日本にいるのにアウェーの感覚でしたから。尾崎さんは緊張しますか？

尾崎　最近、またライブで緊張するようになってきたんです。僕の場合、経験を積み重ねたことで逆に緊張するようになってきたのかもしれません。知っていく怖さというものがあるんです。

那須川　それはあるかもしれないですね。自分も最近、本当にちょっとずつですけど、緊張を感じるようになってきました。まだそれを楽しんでいる段階ですが。

尾崎　認知されていくにつれて「クリープハイプってこういうバンドだから、こういう曲をやってくれるでしょ」という期待値ができて、それに絡め取られてしまうことがあるんです。期待値以上のものが出せなかったらどうしようという不安。羞恥心《しゅうち》に近いかもしれません。那須川さんの場合も、これから那須川天心の試合というものが人々の間でもっと固定されていった時に、それをどう上回るかということを考えなければいけなくなる可能性はありますよね。「みんなが思っている那須川天心」と闘う時がくる。

那須川 それは、むしろ楽しみです。

目標がない毎日は長い

尾崎 時間の流れ方も気になります。普段の生活で流れる時間とリング上で流れる時間は、やはり違いますか。

那須川 違います。自分が優位に闘っている時は早く感じますし、苦戦している時は遅く感じます。

尾崎 苦戦している時は、早くラウンドを終えたいと思うんですか?

那須川 早く倒したいと思います。それは焦りですね。試合はメンタルがすごく大事で、「まだ一分」と思うのか「もう一分しかない」と思うのかで全然違うんです。

尾崎 ミュージシャンの場合、一曲の長さはいつも同じだから、時間の流れが違うと感じることはあまりないんです。格闘技を観ているると、試合というのは本当に濃密な時間なんだと感じます。

那須川 普段の生活もそうで、一年がすごく早く感じるんです。自分の場合は年に八回か九回くらい試合をするので、常に次の試合が組まれているんです。試合のためにどう最高の状態に持っていくか、その一日のために毎日があります。試合のために生きている感覚ですね。だから試合までの日々はあっという間に過ぎてしまうし、試合が終われば、また次の試合がある。もしも試合がなかったら、つまり目標がなかったら、毎日はどれだけ長いんだろうと思うことはあります。

尾崎 その奥にいる観客に対してはどう考えていますか？　試合中はあまり気にしないものなのでしょうか。

那須川 試合中はほぼ意識できないですね。終わってから客席にアピールすることはありますけど、闘っている時にはそういう余裕はないです。気を抜いたらその瞬間にやられてしまうので。本当に集中していないと、下手すれば意識が飛んでしまうこともありますから。

尾崎 命に関わることですからね。那須川さんはプロデビューしてからまだ一度も公式戦で負けがありませんが、ずっと勝ち続けることはプレッシャーや怖さにつながりますか？

那須川　いや、プレッシャーはまったくないですね。そもそも自分が好きなことをやっているので。いずれ負けるかもしれないとは考えますけど。

尾崎　仮にいつか負けたとしても、気にせずに続けていけると思いますか？

那須川　まだ公式試合ではそういう経験がないからわからないですけど、ずっとクヨクヨすることもできないし、次のチャンスがくるまで自分を強くしなきゃいけないと思うだけだと思います。

尾崎　他者からの評価、試合で勝つことやベルトを獲ることと自己評価は、那須川さんのなかでどれくらいリンクしているものなんでしょうか。

那須川　もちろん試合は勝つためにやるものですけど、勝ち負けよりも内容を重視しています。百点だと思えた試合は一度もなくて、何かしら課題が見つかります。次はこれをやらなければいけないな、といつも思っています。

尾崎　自分の試合は見返しますか？

那須川　結構見ます。逆に言えば自分の試合しか見ないくらいです。相手の研究をする人もいますが、自分は一、二回映像を見るだけで、あとは頭のなかでイメージを膨らませていきます。

尾崎　そうやってイメージできるから相手の研究をする必要がないんですね。相手の映像よりも自分のイメージの方が強いわけですから。

那須川　仮にたくさん相手の研究をしても、実際に闘っているわけではないですよね。対戦しないとわからないことの方が多いんです。だから、相手どうこうよりも自分を高める、という考えですね。それは昔からずっと変わらないです。どんな相手がきても倒せるような練習を常日頃からやっています。

躊躇していたらやられてしまう

尾崎　那須川さんがプロデビューしたのは十五歳、高校一年生の時ですよね。

那須川　格闘技のために三部制の高校に四年間通いました。それがすごく良かったと思います。もし普通科に進んでいたら、きっと道を外れていたと思います。

尾崎　決断がすごく早いですね。

那須川　自分でも決断力はあると思います。それは格闘技をやっているからだと思います。格闘技はコンマ数秒で決断しなければいけないことの連続なので、躊躇《ちゅうちょ》していたらやられてしまいますし。

尾崎　確かにそうですね。それでも、この若さで人生を決めるのはすごい決断力だと思います。高校時代にはどんな思い出がありますか？

那須川　練習ですね。午前部に通っていたので、十二時に授業が終わり、電車でジムへ移動して、三時間程度練習して、少し休んでから、今度はボクシングジムへ行ったりフィジカルトレーニングをしたり。もちろんその間に試合もやりました。そんな生活が四年間続きました。すごく大切な四年間です。

尾崎　いわゆる青春というものはすべて練習に捧げたんですね。

那須川　そうですね。世間的な意味での青春はしていないですね（笑）。恋愛もほとんどしませんでした。

尾崎　人を好きになったり嫌いになったりする時も、決断は早いんですか？

那須川　早いです。好き嫌いはハッキリしています。友達も少なくて、まず疑いから入るんです。「この人は自分のことを利用しようとしているんじゃないか」と考えてしまうし、その傾向は今の方が強くなっています。

尾崎　そこは僕もそうですね。人の悪い部分から見てしまう。どんどん減点していって、それでも最後までいい部分が残っている人をいい人だと認識しています（笑）。最初から悪い人だと思っておけば、あとはいいところしか出てこないので（笑）、それも一つの想像力だと思います。実際より手強い相手を想定して練習することと近いのかもしれません。

那須川 自分は仲良くなる人とはものすごく仲良くなりますし、そうではない人とは一切口を利かないですね。今まわりにいる友達のほとんどは中学時代の友達です。

尾崎 友達とは何をして遊ぶんですか？

那須川 遊ぶといっても、ご飯を食べに行くくらいですね。体重管理も必要なのでだいたい和食です。焼き肉と、あとは大戸屋が好きです（笑）。お酒は飲まないので居酒屋には行かないですね。体質的に合わないみたいですし、おいしいと思ったことも今のところありません。

好きなことをやっているのだから、ストレスはない

尾崎 厳しい練習の後、どうやってストレスを発散しているんですか？

那須川 ストレス発散、ですか……。

尾崎　このために練習を頑張る、というモチベーションの源泉です。それは試合ですか？

那須川　いや、でも、練習することが当たり前というか、みなさんが仕事をしているのと同じ感覚だと思うんです。練習も職業の一部というか。疲れはものすごくたまりますけど、自分が好きでやっていることなので、これでストレスがたまったというのはちょっと不思議な気がします。嫌ならやめればいいですし。こないだ成人式に行った時、地元の友達が仕事の愚痴を言っていたので「やめればいいじゃん」と言ったら、みんな「いやいやいや……」という反応なんですよ。「じゃあそれは、今の仕事をまだやりたいってことなんだよ。だったら文句言うなよ」と言ってしまいました。自分は白黒ハッキリしすぎているのかもしれませんが、でも本当に好きなことを職業にできているので、ストレスは一切ないです。

尾崎　格闘技をやめようと思ったことはないんですか？

那須川　一度もないですね。

尾崎　それがすごいと思うんですよね。五歳からずっとやり続けて一度もやめたいと思ったことがないということが。僕なんか、音楽をやめたいと思うことが何度もあります。絶対にやめないくせに、「やめる」と言って音楽の気を引こうとしているんですね。やめようと思っても、他に何をすればいいいんだろうと考えてしまう。やめ時がわからなくて今まで続けてきたという感覚もあります。

那須川 そういう考え方もあるんですね。

尾崎 僕の場合、本当はやめたくないからこそ人に相談したりして「もう本当にやめるかもしれない」なんていうことを言ってしまうんです。続けていくためにも、愚痴を言うことが必要で。

那須川 どういう時にやめたいと思うんですか？

尾崎 思うように届かない時、自分の感覚と世の中のズレを感じる時ですね。音楽には、格闘技と違って明確な敵がいないので、モヤモヤすることも多いんです。

那須川 なるほど、どこと張り合っているかという問題ではないですもんね。評価がお客さんの反応になってしまう。

尾崎 なんとなく、その時の世間の流れに合っているかどうかで評価が決まっている気がするんです。自分は何と戦っているんだろう、と思うことがあります。やめたくなるのはそういう時ですね。でも、やっぱり納得がいかないし、そうした評価をひっくり返さないと気が済まないから続けていく。同じような曲をつくっても、その時によって全然違う評価を受けるんです。もちろんそれが面白い点でもあって、全部が全部思い通りに評価されたら、それはそれでつまらないんだろうなとも思います。要するに、ただの甘えですね。

那須川　でも自分は、クリープハイプの曲、大好きです。

尾崎　ありがとうございます。これだと思ったものが世間の評価にストンとハマる瞬間が時々あって、その時はうれしいですね。ＫＯ勝ちした時の気持ちに近いのかもしれません。僕の場合は粘って粘って何とか判定で勝つというスタンスだから、たまにＫＯ勝ちのような感覚で音楽に触れられる瞬間があると、やっていて良かったなと思います。

「なんかいい」という感覚がすべて

那須川　自分は音楽が本当に好きで、特にロックバンドの曲をよく聴いているんです。邦ロックを好きになったきっかけは、中学生の頃にRADWIMPSを聴いたことでした。親友がバンド好きで、クリープハイプもその親友に教えてもらったんです。

尾崎　格闘技の選手には、レゲエやヒップホップが好きなイメージだったので、那須川さんがバンドを好きだと知った時はうれしかったです。

那須川　練習中はずっとロックを聴いていて、クリープハイプの曲もよく聴きます。音楽を聴きながら練習した方がテンションが上がるし、動きも変わるんです。

尾崎　歌詞が入ってきて邪魔になることはないですか？

那須川　そこまで邪魔になることはないですね。しんみりする曲をあまり入れてないからかもしれません。基本、アガる曲ばかりなので。

尾崎　クリープハイプで大丈夫ですか？　テンションが上がる曲なんてあったかな（笑）。

那須川　『一生のお願い』『栞』『イト』とか大好きです。でもいちばん好きなのは『陽』。本当にすごく好きなんです。

尾崎　あんな過酷な闘いをしている人が『陽』を聴いてくれているなんて……。

那須川　いや、この曲は本当にすごいです。説明できないけど、なんかいいんですよ。このゆったりした感じとか。

尾崎　それはうれしいですね。「なんかいい」という感覚がすべてなんだろうなと思います。

那須川　自分は歌詞全体の意味を知って聴き込むというより、リズムや特定の歌詞がいいなと思えば、その曲はいい曲だなと感じるんです。

尾崎　やっぱりそこも判断が早いんですね（笑）。でも『陽』を練習中に聴いてくれているというのは、ちょっと意外でした。

那須川　すごく好きです。「今日はアタリ　今日はハズレ」という歌詞が特に好きですね。そういうことが自分にもあるので響きます。

尾崎　うれしいです。

那須川　尾崎さんはいつから音楽をやっているんですか？

尾崎　曲をつくり始めたのは中学二年生の頃ですね。でもずっと、自分がつくっているものが本当に曲になっているのかどうかがわからなくて。「これで合ってるのかな……」と思いながらつくっていました。音楽には正解がないから、自由である分、不自由でもあります。どんな表現でも成立するということが、音楽のいいところなんですけどね。今でも不安になることばかりで、だからこそ明確な勝ち負けがある世界に憧れるんだと思います。やめたいという思考になるのも、それが原因かもしれないですね。音楽の定義がハッキリしていないから、その途方もなさから逃げたくなってしまうんです。

那須川　曲をつくるって、本当にすごいことですよね。発想力が人と全然違うんだろうなと思います。

尾崎　でも、メロディーはドレミファソラシドの組み合わせなので、やっていることは意外とシンプルなんです。すでにあるものを組み合わせているだけだから。

那須川 いや、それがすごいと思います……。

尾崎 雑誌のインタビューなどで曲づくりの意図について答えることがよくあるのですが、実際はそんなにハッキリしていないというか、反射的に出てくるものなんです。

那須川 あ、それは格闘技で相手の攻撃に対してこう応える、ということに近い気がしました。

尾崎 そう思います。ポロッと出てきて「あ、できた」と感じる。その「できた」という感覚はしっかりあるんです。さっき那須川さんに言っていただいた「なんかいい」という感覚ですね。自分のその感覚だけは信じている。「今回の曲はどんな曲ですか」と聞かれ、その質問に答えながら「ああそうなのか」と後から自分の理解が作品に追い付いていく。曲ができた瞬間はあまり考えていないんです。歌詞もメロディーに合わせて嵌《は》めていくので、後からだんだんと辻褄《つじつま》が合っていく。

那須川 へえ。面白いです。

尾崎 いい曲ができたと思っても、実際にバンドで音合わせをしてみたら全然良くなかった、ということもあります。曲ができた瞬間を超えてこないというか。

那須川 それってつまり、ボツになるということですか?

尾崎 そうですね。すぐボツにしてしまうんです。曲のストックをたくさん持っているミュージシャンもいるけれど、僕はそれが嫌で。一回メンバーと演奏してダメだと思ったら、その曲はもう捨てます。その後「これはボツだった曲だ」という気持ちで演奏することが我慢できないんです。

那須川　しばらくとっておいて後で聴いてみたら良かった、ということもないんですか？

尾崎　絶対ないです。そういうことは一度もないですね。自分のその感覚は信用しています。

那須川　小説を書くときも同じですか？

尾崎　文章の場合は、少し違うかもしれないですね。……いや、でもそれほど変わりないような気もします。最初に書いて良くないと思ったものは、やっぱり良くないんですよね。ただ、書く時に悩むことは多いですね。悩むことは心の筋トレのようなものだと思っていて、「ああ、ダメだな」とグダグダ考えることが、自分にとっての反復練習なんです。答えは出なくても、悩んだ時間を大事にしているんですよね。むしろ悩みがないと、悩みがないことが悩みになってしまいます。今日話してみて、そういうところは那須川さんと真逆だと感じました。でも根底は似ていると思います。その出し方が違うだけで。

那須川　そうかもしれません。

尾崎　僕の視界は常にゴチャッとしていて、前がはっきり見えません。でもそんな汚い景色だからこそつくれるものがあって、お客さんもそれを評価してくれているんだろうなと思います。だからこそ、あまりスッキリしてはいけない。音楽はやり直すことができてしまうから終わりがないし、身体的な限界も明確には見えない。いつまでもやれてしまう怖さがあって、それによって判断力が鈍ることもある気がします。スポーツ選手は、より時間が限られているので、だからこそ決断できることがあるのかもしれませんね。

那須川 すごく面白い話です。格闘技はやるかやられるかの世界なので、きっとそこが大きな違いだと思いますけど、確かに根底は似ているかもしれませんね。

（二〇一九年八月、東京・巣鴨にて）

×尾野真千子

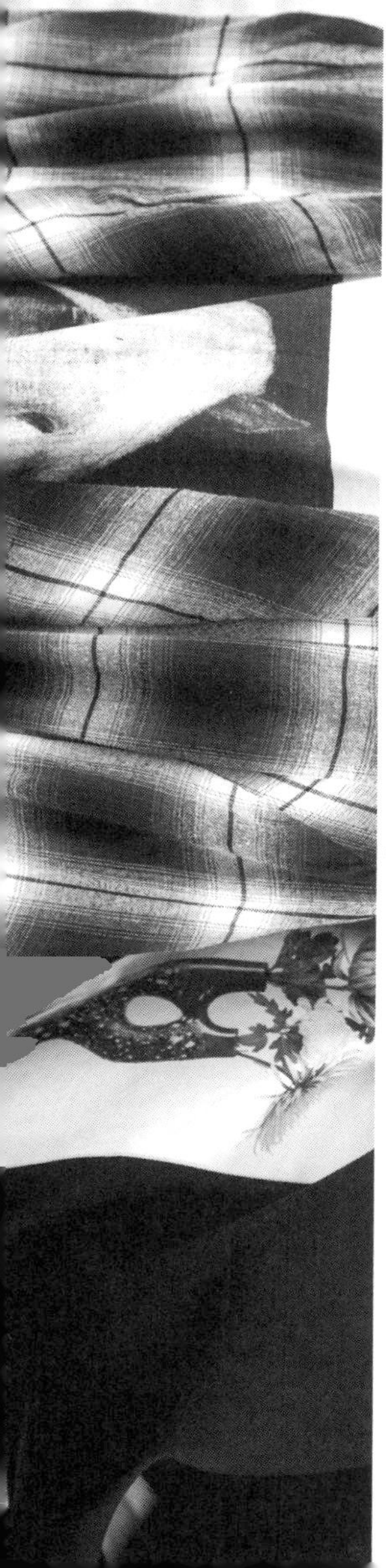

この連載の最終回（※『小説トリッパー』連載時の最終回）が尾野真千子さんで良かった。広げた風呂敷を畳むのではなく、風呂敷ごと高く遠く放り投げてもらった。おかげで、また新しく何か始めたくなった。広くて、綺《き》麗《れい》で、寂しい。あの海みたいな目が忘れられない。

邦画を素直に楽しめない

尾野 事務所の社長がクリープハイプ大好きで、よく車で流しています。たまに一緒にごはんに行っているみたいですけど、どういうきっかけで知り合ったんですか？

尾崎 尾野さんの後輩の郭智博《かくともひろ》さんに、クリープハイプの『寝癖』という曲のミュージックビデオに出ていただいたんです。それがきっかけで、社長の徳原さんともごはんに行くようになって。ライブにもよくきていただいています。徳原さんと尾野さんはもう長い付き合いなんですよね。

尾野 あの人が前の事務所に入ってきたのが二十歳の時で、当時私は十九歳でした。かれこれ二十年の仲間です。元々はチーフマネージャーで、その後独立して。

尾崎 かなり長い付き合いですよね。二人でごはんを食べに行くこともありますか。

尾野 二人だけで行くことは少ないです。釣りも一緒にやるけど二人では行かないし。

尾崎 YouTubeで『釣りよかでしょう。』の動画に出演されているのを見ました。メンバーの方々とはどうやって知り合ったんですか？

尾野 元々YouTubeはあんまり見ないので、偶然見つけたんです。その時は鯛《たい》を釣る動画だったのかな。まだ釣り自体に興味がなかった頃です。その動画が面白くて、「この人たちに会いたい！　一緒に釣りしてみたいよね」って、とっくん（徳原社長）と話してたらコンタクトを取ってみてくれて。最初は単に一緒に釣りをしてみたかっただけなんだけど、動画に出ることになっちゃった。だからあれは仕事じゃないんです。ギャラはもらっていないし、いつも佐賀まで、私もとっくんも自腹で行ってるんです。

尾崎　すごく楽しそうなのが印象的でした。他にも、ＮＨＫの『釣りびと万歳』という番組で密着されていましたよね。

尾野　そうなんですよ、結局仕事につながってしまった（笑）。釣りだけが趣味ですね。釣りを始めたのはこの二、三年だけど、他に趣味がないから。

尾崎　映画はあまり観ないんですか？

尾野　Netflix や Hulu で観ることはあるけど、ほとんど洋画しか観ないですね。少しは邦画や連ドラも観なきゃと思うんだけど、いろいろ気になってしまって楽しめないんです。やっぱり、お芝居に関しては自分の考えがあるから。理想が高すぎるせいなのか「どうしてこんな演技になってしまうんだろう」と思ってげんなりしちゃう。洋画の場合は別物のエンターテインメントとして観られるんですよ。つい最近も『スパイダーマン』シリーズを一気見しちゃいました。好きな映画は『アイアンマン』。なんにも考えなくていいし、こだわりなく観られるから。ディズニーも好きです。洋画は自分を和らげてくれるもの、リラックスさせてくれるものですね。

尾崎 お芝居を始めて上京した頃は、今よりも観ていたんですか？

尾野 当時は、映画を観ようと思ったらレンタルビデオ店に行かなきゃいけなかったじゃないですか。でもカードが必要だし、年会費もかかる。お金が本当になかったから、そういうところにお金をかける余裕がなかったんです。だから、同じ事務所の人が出演した作品のVHSを事務所で借りて観ていました。

尾崎 初めて映画に出演されたのは河瀬直美監督の『萌《もえ》の朱雀《すざく》』ですよね。僕はあの作品を中学生の頃に観たのですが、主演が尾野さんだということに気付いたのは後年でした。当時は尾野さんのことを知らず、ただ作品として観ていたんです。

尾野 尾崎さんはよく映画を観るんですか？

尾崎 昔は好きでよく観ていたんですけど。メジャーデビューをして役者さんと知り合ってから、現実と非現実が交ざって素直に映画を楽しめなくなってしまったんです。一時期は俳優さんと遊んでいたことがあったけれど、今は少なくなっていて。仲良くしているのは郭さんくらいです。あまり俳優さんと会わなくなってから、また少しずつ観るようになりました。

尾野　知り合いがつまらない芝居をしていると、すごく腹が立ちますね。後輩が出ている作品を見ていても「なんでこれくらいしかできないんだよ！」という腹立たしさが先にきてしまうことがあります。

無理をしないのが本当の家族

尾崎　無意識のうちに、自分なりの正解と照らし合わせて観てしまうということですよね。僕がやっているバンドは現在のメンバーになって今年で十年目なのですが、スタッフさんも含め、今は昔から一緒にやっていた人と距離を置いている時期なんです。尾野さんはデビュー時から河瀨直美監督と特に濃密に関わってこられたと思いますが、尾野さんにとって河瀨さんはどういった存在ですか。

尾野　監督というより、もう身内的な感覚ですね。お仕事をする時はその人からお金をもらうわけだから、ちゃんと監督として見なければいけないんだけど、やっぱり身内として接してしまいます。河瀨さんにだけは、自分の心のなかで起こったことを全部報告しなきゃいけないと思ってしまう。そういう人になっちゃいました。でも結局、お芝居をするにあたっていい意味で自分を引き戻してくれたり、新しい扉を開いたりしてくれるのは河瀬さんな気がする。だから何年に一度かは会いたいと思うし、河瀬さんの作品に出たいと思います。ものすごく好きなわけでも、崇拝しているわけでもないけど、私は河瀬さんの世界観のもとでうまれたから、そういうのはずっと残るんだと思う。

尾崎 時にはしがらみのように感じることも……。

尾野 うん、あったりする。でも、良くも悪くも、この関係は自分からは切りたくないと思うし、途切れさせたくないですね。

尾崎 尾野さんから河瀬さんに連絡をすることもあるんですか?

尾野 いや、ほとんど向こうから連絡してくれるかな。こっちから連絡して媚《こ》びて見えてしまうのも嫌だし。でもふとした時に「また一緒にやりたいね」って言い合っています。ごはんを食べに行くことはほとんどなくて、会うのはイベントの時くらいだけど。

尾崎 それは少し特殊な関係ですね。つながりが強い実感があるからこそ、無理して会ったり連絡を取ったりする必要がないということなんでしょうね。

尾野 きっとずっとつながっているんだろうな、という気がしちゃうから無理ない関係でいられるんだと思います。

尾崎　デビューから現在まで、河瀬さん以外にもそういった監督はいますか。

尾野　いない。

尾崎　自分にとって最初の監督だったから特別、ということではなく、河瀬さんの存在そのものに対して特別な感覚を抱いているということですよね。

尾野　たぶんそう。ある意味怖いの。「河瀬直美」って文字を見るだけで怖いし、そう思える監督は他にいないから。他にすごく尊敬している監督もいるし、友達のように思える監督もいるけれど、河瀬さんに対してはそれらのどの感覚とも違うんですよね。全然、別の感覚なの。

尾崎　河瀬さんの作品を観ていると、肉親に対する飢えのようなものを感じるんです。その感覚が尾野さんに対してもあるんじゃないか。尾野さんを役者としてデビューさせたのは河瀬さんだから、一見、河瀬さんが親で尾野さんが子のような関係に見えるけれど、今の話を聞いていて、その逆もあるんじゃないかと思いました。

尾野　河瀬さんには、自分が若い時に両親が別れてしまい、お父さんやおばあちゃんを追いかけたという経験があります。家族に対してものすごく重要性を感じているんですね。その感覚が私と合っちゃったんだと思う。でもあの人が私のことをどう思っているかは全然わからない。そんな話はまったくしないので。だって恥ずかしいもん。

尾崎 その距離感がいいのかもしれないですね。無理をしない関係が本当の家族、という感じがします。河瀬さん以外でも、尾野さんにとって「監督」とはどういう存在なのでしょうか。

尾野 現場では神。監督だけがすべてを知っている人だから。私たちはそこでお芝居をするだけ。監督にしか質問できないし、委ねることができない。でも意見を言うことはあります。やっぱりね、芝居はナマモノだから。いくら台本にそう書いてあったとしても、たとえば「そこで〝はい〟と言うことが本当に必要ですか？」って思っちゃうことがある。その一言がないだけでこの作品がすごく良くなるんじゃないか、その一言を言っちゃったら終わりなんじゃないかと思うことがあって。そういう時は、思った通り素直に監督に伝えることもある。でも逆に、何も考えずに全部そのままやることもある。

尾崎 それはどういう違いなんですか？

尾野 わかんない（笑）。

尾崎 （笑）。でもそれは面白いですね。言わない場合も違和感はあるんですよね？　だとしたら、それは作品が持っている運かもしれないですね。違和感を意見として表明したくなる気分の時の尾野さんに当たらないと、その作品は損をする可能性がある。

作品にとって必要な視点と不必要な視点

尾野 でも、私が言うことによって崩れる可能性もあるのね。私が言うことはあくまで「自分にとってこっちの方がいいと思う」であって、作品全体を見ているわけではないから。だから怖いことでもあるの。

尾崎 実際にそれで作品が崩れたと感じたこともあるんですか？

尾野 ある。崩れるというか、監督の考えからどんどん逸《そ》れてるなと感じることはある。

尾崎 脚本やカメラなど、監督以外のスタッフさんからも影響を受けますよね。

尾野 脚本ありきでないと私たちは動けないので、基本的に脚本に対しては文句を言いたくない。連ドラの場合は撮影しながら話ができていくことが多いから、みんなでつくっていかなければいけないと感じることは多いけど、映画の場合はすでに出来上がっていることがほとんどだから。もし何か言うとしても、それは受ける前。「ここがこうだったらやるのに」と言うことはあります。

尾崎 役者が特殊だと感じるのは、自分で自分のパフォーマンスを完全にはコントロールできないところです。というのも、最終的に使われるテイクは、基本的に監督など自分以外の他人が決めるわけじゃないですか。そのテイクは自分にとってベストではないこともありますよね。

尾野 うん、でもそれはそれでいいと思うの。私はあまりチェックしないようにしていて。自分でチェックすると、どうしても外見ばかり見ちゃうから。「今のカットあんまりかわいくなかった」とか。

尾崎 それは作品にとって不必要な視点だということですよね。

尾野 そうそう。別の人から見ていい芝居ならそれでいいと。自分で良しあしを判断すると、それは尾野真千子になっちゃう気がするんだよね。尾野真千子ではない別の人を演じているのに、尾野真千子としてそれを判断してしまったら、作品はいいものにならないと思う。だから芝居は自分でチェックしない。取材時の写真も全部マネージャーに任せてる。私からは「この写真がいい」なんて言えないよ。だって全部いいんだもん(笑)。メイクしてもらって、かわいい衣装を着せてもらって、いいフォトグラファーさんに撮ってもらって、今まで見たことのない自分の顔が並んでいるわけだから。ただし、インタビューの原稿チェックだけはするようにしていて。その時は尾野真千子として取材を受けているから、ちゃんと自分の言葉で伝えたいの。たとえアホっぽい言葉だとしても、そこには自分なりの含みがあるから。取材をする側は「メロディー」って書きたいんだろうけど、こっちは「音」って言いたい、みたいなことってあるじゃない？　そんなのどっちも同じじゃんと思う人がいるかもしれないけど、自分にとってはそれが「メロディー」ではなく「音」として聴こえているから、そこはちゃんと「音」という言葉で伝えたい。

尾崎　では、今のように尾野真千子さんとしてインタビューを受けている時は、どこに向けて言葉を発しているんですか？

尾野　うーん、どこなんだろう？　別に定めていないと思う。誰が読むのかは自分にはわからないから。「この雑誌は何歳から何歳までを対象にしています」とか言われることがあるけど、質問の内容がそれっぽいだけで、自分にとってはあまり関係なかったりするんだよね。私は別にこだわってしゃべっていないし、ただ自分の生き方をしゃべっているだけだから。世界観はそのあたりどう？

尾崎　僕はコアなファン、いちばん濃いところに向けてしゃべっています。それが漏れて他の層にも届いたらラッキーだな、という気持ちでいます。

尾野　ちゃんとそこに届いている実感はある？

尾崎　届いているかはわからないんですけど、届けようとは思っています。僕も自分の言葉遣いや感覚はすごく大事にしているので、少しでも違う言葉や普段自分がしない言い回しで書かれている場合は直すことがあります。デビュー当時は、原稿チェックというものがあること自体を知らなかったんです。友達のミュージシャンに「原稿チェックしてる?」と聞かれて、初めてそういうものがあると知りました。それまでは全部当時のマネージャーがやってくれていたんですけど、以降は全部自分でチェックするようになりました。

尾野 間に人が入ると、その人の言葉になっちゃうでしょ? マネージャーが替わるとすごく感じるんだけど、そのマネージャーの言葉、その人の文のつくり方になってるんだよね。

男女は中身でしか競えない

尾崎 インタビューでも芝居でも、自分が表現したものと他者が見た自分がズレていることがあると思うんです。そのズレを尾野さんはプラスに捉えているんですか?

尾野 プラスに捉えないと死んじゃう。苛立つこともあるけど、相手の考え方や捉え方を一回自分のなかに入れてあげることも大事だよね。やっぱり大人になりきれないから、そう考えられるようになったのは最近だけど。なんで昔はあんなことでキレてたんだろうってよく思うな。

尾崎　僕は怒りからものをつくることが多いんです。

尾野　怒りをぶつけて歌詞を書くのはすごく素敵なことだと思う。私にとってはそういうことが何もない。本を書いているわけでもないし、芝居に怒りをぶつけることもそんなにないしね。だから怒りはそのまま、その人に直球でぶつける（笑）。

尾崎　ぶつけたらちゃんと消化されますか？

尾野　うん。その場で消化しないとね。スピードが大事。最近はこらえることも覚えたけど。言った方がいい相手なのか言っても無駄な相手なのか、そういう差し引きができるようになった。でも私、基本的には本人に向かってハッキリ言っちゃうんだよね。もちろん言われたくなさそうな人には言わないけど、ネタにもされず周囲に気を使われて苦しんでいる人もいるから。それを言うことで楽しくなったり場が和んだりするんだったらと思って、私はプラスに捉えてる。

尾崎　今は言葉に対してすごくシビアな時代だから、そういうことが大事なのかもしれませんね。気を使いすぎて何も言わないのも良くないのかもしれない。友達とケンカをすることもありますか？

尾野　ない。ケンカするところまで行かない。自分にとって本当に気が合う友達じゃないと一緒にいてもストレスでしかないから。そんな人たちと仲良くしても何の得にもならないし、年を重ねていくにあたって、自分が本当に楽しくいられる人としかいたくないと思うようになった。女ってめんどくさい生き物だなって自分でも思うもん。

尾崎　どういうところがめんどくさいんですか？

尾野　女と女って、基本的に戦いでしかないわけよ。いつも何かを、しかも外見に関わる何かを競ってる。中身で競う気がない。男と女は、持っているものが全然違うじゃない？だから中身でしか競えない。

尾崎　確かに、男女はそもそも外見からしてまったく違いますよね。でも「男女は中身でしか競えない」って、あまり考えたことがなかったです……。

尾野　「この人の芝居、いいな」と思うのって、女よりも男の方が多い。いつも男性と比較してしまう。

尾崎　そういった意味では、尾野さんにとってわかりやすいライバルはいないということですね。

尾野　ライバルはいないね。というか、ライバルにしたくない。人それぞれいろんな形があっていいと思うし。参考にしている人もいない。いるとすれば、それは一般の人。だって、役者さんを参考にしたらその人になっちゃうから。「○○さんみたいなこもった声がこのキャラクターには合うな」と思えばそうすることはあるけど、芝居で寄せることはない。

尾崎　なるほど。それは音ですよね。音で感じていて、感情はまた別なんですね。

尾野　感情は自分のなかから出てくるものだから。「○○さんみたいな感情を出そう」とか、そういうことはない。

尾崎　それは音楽でいうと、エフェクターでギターの音色を変えるようなものなのかもしれないですね。

尾野　音楽ってすごいなと思うのが、もう出尽くしたんじゃないかというくらい多くの人がこれまでにいろんな音楽をつくってきたのに、この時代になってもまだまだ途切れないじゃない？　なんでそんなにたくさんの音楽が出てくるんだろう。

尾崎　結局ただの音の組み合わせなんです。電話番号みたいなものだと思います。曲は電話番号です（笑）。だから、相手に気持ちを伝えるということを自分なりに組み合わせるんですね。音楽の成り立ちや存在を数学みたいだと感じていて、ずっと数字を前後させている感覚があります。

尾野　電話番号か……。私は『神様はバリにいる』という映画でナオト・インティライミと共演して、初めて「音」というものに興味を持ったのね。一つの「ポロン」という音だけでどれだけみんなが仲良くなれるかを知った。簡単な童謡でも、みんなで大合唱すれば友達になっちゃう。

尾崎　ミュージシャンってすごく素敵な仕事だなと思ったんです。一逆のパターンもありますよね。いろんなものと離れられる、深く潜っていく音楽。一つになるのではなく、ひとりになる音楽。僕らのファンにはそういった方が多いと感じています。

尾野　ひとりになる音楽か……。

選ばれることと、選ぶこと

尾崎　下積み時代には、やはりオーディションをたくさん受けましたか？　その時は選ばれる側だったと思いますが、今は脚本を読んで選ぶ側ですよね。選ばれることと選ぶことは、尾野さんにとってどういうものなんでしょうか。

尾野　オーディションはめちゃくちゃ受けた。あの頃は「なんで選んでくれないんだろう」

と思ってた。ほんと嫌だったな。「いったいこの人たちは何を見てるんだろう」って。公開された作品を見て「こんなやつ使ってんのか！」って腹立たしく感じることもあったし。でも今になって感じるのは、選ぶことって本当に大変だということ。だって、どうなるかわからないものを選ぶわけでしょ？　それでも自信を持って引き受けなければいけない。その責任の重みを感じる。きっと、みんないろんなことを考えて私を選ばなかったんだと思う。「この人じゃ誰も目を惹かないだろう」とか。自分でも自分が出た映画を見て「私だとちょっと地味だな」と思うことあるもん。「もうちょっと華やかな人が出た方がこの作品にとっては良かったんだろうな」とか。自分の芝居に自信がないわけではないけれども、あとで反省することはいっぱいある。だからより慎重に作品を選ぶようになった。今の自分にできない芝居ならしっかりお断りすることも必要だし。一度断っても「断る理由を教えてください」と言われることもあるし。

尾崎　そういう時ははっきり理由を言うんですか？

尾野　言うけど、結構曖昧な答えだったりするの。「私にとっては、今そのお芝居をする時期じゃないんです」って。

尾崎　あとから「やっぱり出れば良かった」と思うことはありますか？

尾野　それはない。やらなくて良かったと思うことしかないの。

尾崎 自分の感覚を信頼しているんですね。

尾野 うん。判断するために原作を読むこともない。原作は台本とはまったく別物だし。いろんなヒントが原作には隠れているけれど、そういうヒントを知ることがマイナスになってしまうことの方が多いから。

尾崎 そこに余計な考えが生まれてしまうんですね。

尾野 そうそう。台本では原作から設定が変更されていたり、オリジナルキャラクターが登場したりしているから、原作と台本を一緒に読んじゃうと頭がこんがらがって、自分のなかで話がつながらなくなってしまうし。だったら台本だけ読んで、自分が感じた通りに芝居した方がいい。

尾崎 今の自分にとって必要かどうかというのは、何を基準に判断しているんですか?

尾野 その時の体調とか、体型とか、いろいろです。最近はわがままボディーになってきたから「うーん、ベッドシーンか……」と悩んでしまったり。とはいえ、意外と脱いでるんですけどね。でもその時によっては本当に身体を見せたくない時期もあるし。感情もそうで、どうしても恋愛の頭に切り替えられない時もあるし、「社会派映画なんて今は誰も観ないでしょ」と思っちゃったりする時もある。テロ事件の直後に殺人鬼役のオファーがきた時はすごく嫌だったの。

尾崎　Huluのオリジナルドラマ『フジコ』ですか？

尾野　そう。すっごく嫌で、二回くらい断ったの。「こんな役、絶対やりたくない。親が泣く」って。だけどそのあとに映画『凶悪』を観たら、自分で考えていたことがバカバカしく思えてきちゃって。現実と芝居を一緒にしちゃダメだと思った。そう思ったら「できるかも。人、殺せちゃうかも」って頭が切り替わって。すごく珍しいケースではあるけど、そういうこともある。

尾崎　二回も断ったということは、依頼した側もずっと尾野さんを待っていてくれたということですよね。今日こうしてお話をさせていただいて、尾野さんのなかではいろんな考えがずっと巡っているんだなと感じました。周期ごとに考えが変わっていく。それは自覚的なものなんですか？

尾野　うん。だってさ、自分のスタイルが一個だけじゃつまんないじゃん。

尾崎　流れに委ねているということですよね。

尾野　そうそう。その方が、いろんな人が自分のなかから出てくると思う。「こういうスタイルでやります！」と決めないことによって、いろんな感情を殺さずに済んでいる気がする。それが芝居に出るんだと思う。

尾崎　ちょっと変な質問になりますが、芝居はどうやって学ぶものなんですか？　というのも、尾野さんは高校生の時に河瀬直美監督にスカウトされて、未経験ながらいきなり主役に抜擢《ばってき》されました。その後は下積み時代があったとはいえ、参考にする人もいないし、学校に通ったわけでもない。何をとっかかりにして役者としての自分を鍛えていったのでしょう。

尾野 結局、私の強みはナチュラルであることだと思ったんです。リアルであることと言い換えてもいい。いかにリアルらしく演技できるか。

尾崎 リアルであること、ですか。

尾野 でも突き詰めれば、芝居はリアルにはならないよね。だって私たちは嘘のもの、フィクションをつくっているわけだから。じゃあ何をリアルにできるのかというと、気持ちなんです。画面を通しては見えないことかもしれないけど、気持ちだけは嘘をついちゃダメなんだと。この人のことが好きだ・嫌いだと台本に書かれているからといって、ただ嘘として芝居をするんじゃなく、本当にその人のことを好き・嫌いにならなきゃいけない。そうでなければ、芝居における神だと思っている台本に対して失礼になってしまう。

尾崎 なるほど。

尾野 芝居のうまい下手は確かにあると思うけども、感情をちゃんと自分のなかに持ってさえいれば、お芝居はできる気がしていて。私は自分のお芝居がうまいとは一度も思ったことがないけれど、ずっと自信があったの。なぜかというと、気持ちを伝えることに関してなら自分は長《た》けていると思ったから。

尾崎 デビューの頃からそう思っていたんですか？

尾野 たぶんこれは河瀬直美が引き出したことだと思う。あの人に「気持ちに嘘はつくな」と言われたことが私の強みになった。人間はみんな、生きていれば成長するじゃない。ということは、その都度、勉強しているわけ。いろんなことを見て経験して、彼氏ができることもあれば、ふられることもある。そうして心の痛みや動きを感じることで勉強している。逆に言えば、そこでしか勉強できない。それが気持ちの勉強。人のお芝居を見て素敵だと思うことはあっても、「あの人みたいな芝居がしたい」と思うのはちょっと違うと思う。

ネットの書き込みは人を殺す

尾崎 「尾野真千子さんみたいな役者になりたい」と言われることもありますよね。そういう時はどう感じますか?

尾野 それはうれしいよ。「この人にはきっと気持ちが届いたんだろうな」と思う。心に響くものをつくりたいと思ってくれたんだろうなとも思う。ファンの人たちも、気持ちの面での感想をくれることが多いの。

尾崎 ファンの声をダイレクトに聞ける機会は、尾野さんにとって大事なものなんですね。

尾野 大事だけど、恥ずかしい。ただ静かに届いていればそれでいいと思う。

尾崎 ネットで検索することはありますか……?

尾野 絶対しない! それをやったら死ぬと思う。何度か検索したことはあるけど、「ああ、こうやって人は自殺するんだな……」と思ったの。ネットの書き込みって本当に殺人鬼だと思うよ。いいことも書かれているかもしれないけど、悪いことが八割でしょ? だからネットの書き込みは、自分のなかでは存在してないものとしてる。みんながみんな褒めてくれるわけじゃないし、その上で自分はこれでいいと思って貫いているんだから、誰かに惑わされない方がいい。

尾崎 ……勉強になります。僕はすぐにエゴサーチをして落ち込んでしまうので……。

尾野 そりゃ落ち込むよ。あれで本当に何人も死んでるから。

尾崎 そうですよね。

尾野　本当に、私もネットを見た時は自分が死んじゃうと思った。「死ね」とか書かれてんのよ。思わず「あ、死ねばいいんですか」って声に出して言っちゃった。そうするとだんだん本当に死ぬ気持ちになってくるのね。その一言があるだけでいいことは全部かき消されるし。だから、ネットは見ない。SNSも公式LINEはやってるけど、向こうからのメッセージは届かない設定にしていて。自分発信だけで、それも一カ月に一回やるかやらないか。

尾崎　アーカイブは結構残っていますよね。忘年会の動画を見ました。

尾野　あのワイワイしてるやつね（笑）。ああやって好きなことだけ好きな時に発信するようにしてる。だって殺されちゃうから。怖いよ。自ら死にたくないもん。そういう気にさせるのがすごいよね。自分の手を下さずに殺せるって。

尾崎　もうTwitter見るのやめようかな……。

尾野　でも見ることでそれを強みに変えていく人もいるから、それはそれでいいと思う。私はそういうことに弱くて、このままだと死んじゃうと思ったからやめたけど。

尾崎　うーん、でもやめた方がいいんだろうなと思います。最近は、毎日エゴサーチをしないようにしているんです。酒を断つような感じで少しずつ我慢していて。

尾野　でも私もたまに気になるよ。イベントに行った時は「どんなこと言われてるかな」とか「どんな写真がアップされてるんだろう」って思うけど、一生懸命手を震わせながら「……見ない！」って我慢してる。

見えていないところを見せる上手さ

尾崎　もう一つ聞きたかったのが、尾野さんにとって、身につけるものがどんな意味を持っているかということです。

尾野　うーん、正直あんまり興味ない。現場にはジャージで行くことが多いし。服を買う時は知り合いの洋服屋さんでまとめて買う。街をぶらぶらしていろんなお店に入るようなことはない。子どもの頃から興味なかったな。ずっとジャージ。ナイキのジャージに白いロンTとか、夏も冬もそんな感じ。

尾崎　イメージ通りだったような、意外だったような……。すごく興味があるか、全然興味がないかのどちらかだと思ったんです。でも今日の衣装は斬新なデザインで、ファッションにすごく興味のある人が選びそうな服ですよね。

尾野　ほんと？　三着か四着くらい用意してもらってたんだけど、今日の撮影はモノクロ写真だって聞いて、これだったら面白いかなと思って。ファッション雑誌の対談じゃないから面白い方がいいよね。おしゃれとか流行《はや》りとかはよくわからないな。

尾崎 以前、「メイクされ、衣装を着せられることで、役ができていく」と尾野さんが言っている記事を読んだんです。ということは、自分の演技は、自分以外の要因で形づけられていくということですか？

尾野 演じるってことは知らない人物になっていくことだから、どんな服を着るかは重要なの。派手な服を着るか地味な服を着るかで声のトーンが変わるし、ナチュラルメイクをする人なのかしっかりメイクする人なのかで滑舌も変わる。もちろん自分の芝居というものが中心にはあるんだけど、そこにどんどん肉付けされていく。どういう画《え》を撮るか、どういうライティングをされるかでも変わっていくし。いろんなことで人物の見え方は変わっていく。

尾崎 だからこそ、事前に台本を深く読み込んだり、原作を読んだりしないんですね。

尾野 そう。だってわからないから。

尾崎 尾野さんが最初に言っていた通り、作品全体を俯瞰しているのは役者ではなく、監督だということですね。

尾野 その場に変化できない役者がいると、みんながその人に合わせなければいけなくなってしまう。主役でもないのに。本来は逆だろうと。あなたが周りに合わせなきゃいけないんでしょうと。主役と脇役は、当たり前だけど役割が違うんです。私たちの仕事は、どれだけ主役を盛り上げて、なおかつ周りを良く見せられるか。ある意味では、主役よりも脇役の方がやることが多くて楽しい。主役は主役でしかないから、意外と自由がなくて遊びをつくれないのね。だからあまり動けない。デキる脇役の人って、見てると超面白いの。引き出しが多くて、しかもその使い方やさじ加減をわかっているから、画面に映っていないことをたくさん想像させる。その人はどんな会社にいて、どんな家に住んでいるか、その家の二階はどうなっているか。そういった奥行きが見えてくるのね。……あれ、何の話だっけ？

尾崎 (笑)めちゃくちゃ面白い話です。主役は身体が重いんですね。でも、だとしたら尾野さんはどんな準備をしているんですか？

尾野 準備はしないの。コンディションを整えるくらいで、準備をしないことが準備なんだと思う。もし準備することがあるとすれば、それは衣装合わせやホン読みで進めていくもの。最初は何もわからない状態でホン読みをするんだけど、「相手がこう読んだから、こう返す」という感じでつくっていく。ひとりで考えて仕上げるのは、役者の準備の仕方ではないと思う。ミュージシャンの場合はどう？

尾崎　ライブのMCは一切準備しないですね。

尾野　へえー！　それはすごい。ツアーで何日かライブが続くこともあるでしょ？　そういう時は？

尾崎　毎回しゃべる内容を変えるようにしています。

尾野　でも言わなきゃいけないことは、いくつか決まってるんでしょ？

尾崎　ないんです。

尾野　ないの⁉

尾崎　自分で全部決めていて、だいたいその時に思いついたことをしゃべっていますね。

尾野　えー！　すげー！

尾崎　もしも自分があるミュージシャンのライブに二日続けて行ったとして、その時に同じMCをしていたら残念に感じてしまうと思うんです。だから、言いたいことがない時は何もしゃべらないこともあります。そういう時は「今日は言いたいことがないな」と正直に言います。それは自分のダメなところかもしれないけれど、隠したくないし、あとからバレるのが嫌なんです。幻滅されたくないので、自分の悪いところは早めに全部出してしまって、それでもいいなら好きでいてもらいたいと思っています。

尾野　イイねぇ、自己中だねぇ～（笑）。

尾崎 ライブ前日に言いたいことを思いついてメモすることもあるんです。でも、本番中に「昨日メモしたことを思い出している自分」を情けなく感じてしまう。前日から決めていた明確なゴールに当てようとしているのが気持ち悪くて。

尾野 へえ。人と違うことをやりたいと思うの？

尾崎 考え方としてはその逆で、人と同じことをやって「あいつ同じことをやってるな」と思われるのが嫌なんです。「こうしたい」より「こうなったら嫌だ」を避けていくスタンスです。でも、少しくらいはMCの準備をしなければいけないと思うこともあって。最近のライブで、MCで一通りしゃべったあとに「譲りたくないものは譲らなくていいんですよ……シルバーシート以外は」と思いつきで言ったら、めちゃくちゃスベりました。あれは、本当に、立ち直れないくらいスベりましたね……。

尾野 (笑)。でもそれが世界観の良さなんじゃない？　いつボケるかわからないからちゃんと聞いておかなきゃ、ってファンに思われてそうだよね。ファン同士で「尾崎さんってたまにボケるんだよね」って話してそう。昔からのファンが最近ファンになった人に「でもここ反応しちゃダメなの」とか言ってね(笑)。

(二〇一九年十一月、東京・お台場にて)

×椎木知仁

対談は鏡だ。そこに映る自分の先輩面が恥ずかしくて、とても見ていられなかった。椎木と一緒に居ると、気持ち良くなってつい調子に乗ってしまう。人たらしならぬ、人ほぐしだ。吹かすなら、せめてドライヤーとして使えるように、今度からあったかい先輩風にします。今後ともよろしくお願いします。

フックアップではなく、対等にしゃべりたかった

尾崎 昔から、いろんなところで椎木との対談の話をもらっていたけれど、まだMy Hair is Badが世間から完全に認知されきっていない段階で対談するのは嫌だった。それはフエアじゃないから。だから、今なら話せると思ったんだよね。

椎木 フックアップになるのが嫌だったということですか？

尾崎 とにかく、対等にしゃべりたかった。……実は、この対談連載で緊張せずにしゃべれる相手は椎木が初めてなんだよ。だから今日はうれしくて（笑）。

椎木 僕が初めて尾崎さんのライブを観たのは、アルバム『踊り場から愛を込めて』のツアーで、十二月の新潟でした。あれからちょうど十年です。

尾崎 もう十年も経つんだ。そもそもどうやってクリープハイプを知ってくれたんだっけ。

椎木 indiesmusic.com（※インディーズ音楽中心のCD、グッズ販売、MV配信を行うウェブサイト）に『左耳』のMVがあがっていたのを見て。それで地元のバンド友達とライブを観に行ったんです。確か対バンだったんですけど、本当にクリープハイプの記憶が色濃くて。

尾崎　どんなライブだった？

椎木　お客さんは全部で二十人くらいで、最前にはほとんど人がいませんでした。そういうなかで『HE IS MINE』とか演《や》っていて。今では会場のお客さん全員で大合唱になるところを、尾崎さんひとりのオフマイクで「ＳＥＸしよう」って言ってました。

尾崎　まだ音源通りにやっていたんだね。

椎木　それですぐ音源を買ったんです。

尾崎　その後、少ししてから複数のバンドが集まるイベントで対バンしたんだよね。新潟のライブハウスで。

椎木　それまでも僕はクリープハイプのライブをよく観に行っていて。

尾崎　そうだったね！

椎木　そうなんですよ。初めて話したのは二〇一一年の頭だったと思います。下北沢SHELTERの前で、震えながら話しかけに行ったんです。僕らのバンドがMy Hair is Badという特徴的な名前だったから覚えてくれていたみたいで、「今度対バンするよね？」と言ってくれて。ほんと一言くらいの会話でしたけど、すごくうれしかったんです。もうその頃にはクリープハイプの人気は確かなものになっていて、お客さんには関係者がたくさんいたのを覚えています。

「お前はお前のやるべきことをちゃんとやった方がいいんじゃないか？」

尾崎　マイヘアを新潟で初めて見た時は「日本語でメロコアをやっているバンド」という印象だった。一生懸命さをすごく感じたけれど、今すぐに売れる感じではなかった。

椎木　それなのに僕が「好きだ！」って言い続けていたから、新潟のイベントの時はかなり前の方でライブを観てくれましたよね。いろんな感想をくれました。本当にありがたかったです。音楽だけじゃなく人柄も最高だったから、それからさらにクリープハイプのライブを観に行くようになりました。二〇一二年にはスペースシャワーTVのイベント『スペースシャワー列伝』にクリープハイプが出ることになって、新潟でも公演がありましたよね。僕はその前日に新潟で自分のライブがあったので、上越には帰らず、残って『スペースシャワー列伝』を観に行ったんです。ライブ後にフロアに出ていた尾崎さんを見つけて、安易な気持ちで「写真撮ってください」とお願いしました。そうしたら「いや、お前とは撮らない」と言われて。「ライブ観てる場合じゃないだろ。お前はお前のやるべきことをちゃんとやった方がいいんじゃないか？」という内容のことを、かなりしっかり言ってもらいました。若かった僕はそれを死ぬほど真に受けて「クリープハイプと対バンするまで、もうライブ観に行かない！」とか思って。急にスイッチが入りました。それで一時クリープハイプから離れて、ちゃんと自分のことをやろうと思うようになったんです。

尾崎　俺もその時は悔しかったんだよ。その『スペースシャワー列伝』では、アルカラというバンドがどの会場でもすごくて、どうやっても勝てなかったから。動員でも五人か十人くらい必ず負けていたし、とにかくライブがすごかった。あんなに悔しいと感じたことはそれまでなかったし、あれほどはっきり「負けた」という感覚になったこともなかった。だからその時期は特に、どうしたら上に行けるかということばかりを意識していたんだよね。だから当時はまだ、今みたいな関係ではなかったよね。

椎木　僕はただのバンドをやっているお客さん、という感じだったと思います。

尾崎　新世界リチウムというバンドがいて、彼らとはよく一緒にツアーを回っていたんだけど、椎木の話をよく聞いていたんだよね。「あいつら最近すごくいいんですよ」って。

椎木　尾崎さんたちが『スペースシャワー列伝』に出た四年後の二〇一六年、僕らも『スペースシャワー列伝』に出させていただきました。その時に、尾崎さんがスペシャ（スペースシャワー）チームのみなさんにすごく尊敬されていることを感じて。改めて自分との差を思い知らされたというか、自分の位置を再確認させられました。そういう経験がたくさんありましたね。どこに行っても尾崎さんの影を感じるんです。

尾崎 そうなの？　椎木は、酔っ払うとよく電話をしてきたよね。深夜の三時半とかに。パンク界隈にいたから打ち上げがハードで、すごく飲まされてベロベロになって、それで今なら電話できると思ったんだろうね。

椎木 そうなんですよ（笑）。

尾崎 今でもよく覚えているんだけど、二〇一四年にクリープハイプがホールツアーをやった時、神戸国際会館でのライブの打ち上げ中に椎木から電話がかかってきたんだよね。まだ二十三時くらいだったから「珍しく今日は早いな」と思って。その頃のマイヘアはインディーズでフルアルバム『narimi』をリリースした頃で、MVも公開していたよね。久しぶりに曲を聴いてみたらすごく良くて、うれしくなって。そういうタイミングで電話がきたから出たのに、第一声で「うわ！　出た！」って言われて。

椎木 決死の思いで電話したから、自分でも何言ってるのかわからないような反応をしちゃったんです（笑）。

尾崎 「どうしたの？」と聞いたら「いや、あの、えっと……」って。まさか電話に出るとは思っていなかったような感じで。それから、「最近頑張ってるね」という話をしたよね。

椎木 うれしかったなー、あの時。僕は上越にいて、ライブの前日で、緊張からか飲んで酔っ払ってしまって。尾崎さんに電話をかけてみたら出てくれて、しかもまさかの褒められるという。びっくりすることが起きてしまって舞い上がっちゃったんです。で、「今何してるの？」って聞いてもらったから「飲んでます。明日ライブです！」って答えたら「お前、ライブの前日に飲んでんじゃねえよ」って結局怒られちゃって（笑）。

尾崎 出会った頃の椎木は、顔もかっこいいし爽やかで、すごく人が良かった。でも自分のファンが、しかもバンドをやっているファンが、ただの爽やかな人で終わるのは嫌だったから。メンバーが就職して自分だけ宙ぶらりんの状態でいることを歯痒《はがゆ》く思っていたのも知っていたし、きっと当時の椎木には「メンバーが就職している」ということに逃げていた部分だってあっただろうし。そういうところが自分と重なったんだよね。俺もずっとメンバーのせいにしてきたから。人とわかり合えないから自分は売れていないだけで、自分をわかってくれるメンバーがいればすぐに売れると思っていた。そういう経緯があったから、椎木がただのいいやつで終わるのはすごく嫌だった。自分に興味を持って追いかけてくれている人が埋もれていくのは、自分が舐められているのと同じ。でも久しぶりに曲を聴いてしゃべってみたら、バンドとして、とにかく感じるものがあって。それまでに何があったかは知らないけれど、すごいなと思ったし、俺も自分を認めてもらった感じがした。

椎木 うれしいです……。

言葉で人の心をつかむのは詐欺に近い行為だと思っている

尾崎 次に会ったのは二〇一五年、My Hair is Bad と yonige のツーマンライブの時だよね。ライブには間に合わなかったから、打ち上げだけでも顔を出そうと思って。それで打ち上げに行って、椎木の横に座ったのに、全然こっちを見てくれないんだよね。

椎木 いや、あれはほんとにびっくりしました。合流する前、尾崎さんが一回通り過ぎたんですよ。それを見てしまって、牛丸《うしまる》（※牛丸ありさ、yonige の Vo. & Gt.）に「ねえ、今の、尾崎世界観じゃない？　もしかして尾崎世界観いる？」って聞いたら「たぶん、いるんちゃいますか」と。「うわうわ、マジかよあの人、やばいやばい……」となってその反応です（笑）。本物の尾崎世界観だと思ったら、もう顔なんて見られなかったんです。「えっ……なんでいるんですか……」としか言えなかった。あの日は、打ち上げのあとも飲みに連れて行ってくれましたよね。

尾崎 朝方まで飲んだね。その時のマイヘアはまだ車中泊をしてたよね。

椎木 その時のことですごくよく覚えていることがあるんですけど、尾崎さん昔、ブログ書いてたじゃないですか。

尾崎 魔法のiらんどの黄色い日記のことだよね。でも、あれサービスが終了して、もうすぐ消えるらしいよ。

椎木 ええっ⁉ そんな……僕あれ大好きで、バイトの休憩中によく読んでいたんですけど……こんなに赤裸々に物事を書くということ、「○○があってうれしかった」という内容がこんな表現になるんだということが衝撃で、影響を受けて僕もブログを書き始めたんです。あの時、久しぶりに尾崎さんに会って「やっぱりこういう人なんだ」と思ったんです。というのも、尾崎さんは、牛丸と俺が尾崎さんのことを尊敬していてクリープハイプを好きなことをわかった上で「今、すごいつらいんだよ」みたいなことを赤裸々にたくさん話してくれたんですよね。

尾崎 ギャップがなかったということだよね。

椎木 そうです。やっぱり好きだと再確認しました。

尾崎 そうやって昔から好きでいてくれていたという事実はあったにしろ、音楽的には、マイヘアはクリープハイプからわかりやすく影響を受けているわけではないよね。やっぱりELLEGARDENからの影響が強いと思う。俺と椎木の共通点は、言葉を疑いながらも歌詞や日記を書いて、言葉を使って人に訴えかけようとするところだと思う。ただ、言葉を使って人の心をつかむのは、ある意味、詐欺だとも思う。

椎木 詐欺！　なるほど、すごいことを言いますね……。

尾崎 言葉で人を心酔させるのは一種の詐欺寄りのベクトルだと思っていて。でもその方が、音で勝負するよりもお客さんと深い関係を築けるんだと思う。それはわかりやすく数字には表れない。でも、聴いた人の心には言葉が残って、深く根付いていく。その点において、椎木は自分の流れを汲んでくれているのかもしれないと思う。

椎木 ELLEGARDENの影響と言ってもらいましたけど、まさにその通りで、僕はもともとELLEGARDENが好きでバンドを始めたんです。だから高校生の時は英語で歌おうとしていました。でも自分に合っていないと感じてやめたんです。トライしても英語で歌えなかった。クリープハイプに関してもそうです。真似《まね》しようと思ってもできなかったんです。

尾崎 俺もそうなんだよ。好きなバンドの真似をしたくても、できなかった。同じようにならなくて歪《いびつ》な形になった。演奏は下手、でも表現はしたい。じゃあどうしたら伝わるんだろうと思いながら、なかなか見つけられない。そういったなかで見つけたのが言葉だった。悔しさを日記で発散して、その延長で歌詞を書いた。だから、言葉に引っ張られながらこじ開けていった感じがする。音楽で届かないところに強引に言葉を差し込んで、拡張して、そこに放り込むイメージ。それを聴いてくれた人のうちの何割かが反応してくれればいい。完全に言葉が先行なんだよね。メロディーだけでは勝負できなかったし、届けることができなかった。だから二人とも、ポエトリーっぽいところにも行く。マイヘアにもクリープハイプにもそういう曲があるよね。表現の根源としてそういうものがある。

椎木　尾崎さんはなぜ自分に言葉があると気づけたんですか？

尾崎　それはきっと、その時の自分が底辺にいられたからだと思う。底辺の生活をしていると、近くにあるものが変なものばかりになる。変なものには変なものが寄ってくるから。それを作品にしてみたのがきっかけで、そうしたら逆に新しいと思われた。確かに、エロいことや下品で汚いことを歌っている人は、当時あまり周りにいなかった。だって普通、十代が美人局《つつもたせ》の曲なんてつくらないよね。でもそこから、つかめそうなところが見えたんだよね。

椎木 男の人が女性目線で歌うスタイルはクリープハイプが発明したものだと思うんです。少なくとも僕らの世代にとっては、そういうものの走りがクリープハイプでした。初めて聴いた時にかなり衝撃を受けたのを覚えています。

尾崎 今話していて思ったんだけど、もしかすると、その時の自分はただ頭がおかしかっただけなのかもしれない。売れない状態でバンドを続けていると、だんだん精神状態がおかしくなってくる。あの時の自分は、人間としても、表現者としても、どうかしていたと思うんだよ。『JOKER』という映画があるけれど、世間から弾かれてそっちに行くしかなかったという、あの気持ちがすごくわかるんだよね。作詞する上で男女の視点が変わるというのも、やばい精神状態が続いた結果、物足りなくなってその垣根を飛び越えたのかもしれない。

椎木 でも尾崎さんって「やばいやつだな」という感じでもないんです。生活の根底が見えるから。だからなのか、すごくきれいに聴けました。

「できない」という才能

尾崎 二〇一六年の春だったと思うんだけど、フェスでマイヘアのステージを見た時、お客さんが満員なのに誰も手をあげていなかったんだよね。あれは、まるで自分たちを見ているみたいだった。クリープハイプが初めてフェスに出たのは『VIVA LA ROCK』の前身の『ROCKS TOKYO』(二〇一二年)だったんだけど、千人くらい収容のステージで、満員だったのに誰も手をあげていなくて。その時のことを思い出したな。

椎木 そうだったんですか……。

尾崎 その後、マイヘアが新宿のライブハウスでやったライブを観て、それがものすごく良くて。その時も誰も手をあげていなくて、「ああ、この人たちは言葉を聴いているんだな」と思った。そういう意味では、自分たちと似ていると思う。でも決定的に違うのは、ステージングの激しさ。クリープハイプと違ってマイヘアはバンドの運動神経がいいから、それを羨ましく感じる。何度かライブを観て、正直、これはすぐに越えて行かれるなと思った。

椎木 いやいや、全然ですよ……。

尾崎 椎木はいいところを取っていると思うんだよね。「できなかった」と言うけれど、実際はむしろ、無意識に取捨選択しているんじゃないかな。

椎木 音楽的なことができないのはバンドのコンプレックスなんです。でもクリープハイプの追っかけをしていて感じたのは、意外なところで人間味を感じるものなんだなということ。あの頃のクリープハイプは、ライブの時、絶対にわかりやすくワンミスしていたんです。

尾崎 おい（笑）。

椎木 「うわ、今誰かトチった！」というわかりやすいミスが一つあった。キメが露骨にズレたりして。

尾崎 ミスと言えば、初めて渋谷CLUB QUATTROでワンマンライブをした時、当時はローディーさんがいなかったから自分でチューニングをしていて、お客さんが八百人もいるライブは初めてで緊張していたし、早くやらなきゃという思いもあって焦って入って何回もチューニングをやり直していたんだよね。

椎木 僕はあの時「ハイハイ、出ました」と思っていました。「無音で出てきて、またこうやって焦らしまくってるよ」と（笑）。

尾崎 緊張していただけなんだよ（笑）。でもきっと「できない」ことも才能だよね。そうやって必ずミスをしてしまうことで逆に親近感を抱いてもらえることもある。そこは、お客さんが好きでいてくれる理由の一つかもしれない。できないことによって「できないから、じゃあこうしよう」と別の道を見つけることもあるよね。はじめは妥協だったかもしれないけれど、結果それが個性になった。「歌ってみた」動画ってあるでしょ。自分がもしああやって人の歌をうまく歌えていたら、きっとそこで終わりだったと思う。

椎木 ああ、確かに……。

尾崎 俺は無理だったもん。人の歌を歌ってみたら全然良くなくて、落ち込んだ。でも、だからこそ歌いたい。だったら人の歌を歌っても仕方がない。才能って何をとるかだから、「できない才能」というものがあってもいいと思う。

椎木 人の歌をうまく歌えないから、自分で歌える歌をつくったんですね。

言葉が先にあるから、真似できない

尾崎 あとは、譜面を読むのがめんどくさかった。

椎木 めんどくさかった(笑)。

尾崎 子どもの頃から、どうしても説明書の通りにプラモデルをつくれなかったし、人がやったことをなぞるのが苦手だった。そういう面での素質が本当になかったんだよね。でもそれは、自分にとって必要なことだったと思う。曲をつくり始めた頃は、技術も知識もないから作品としては成立していなかったけれど、言葉先行で、女性目線やエロい内容を歌って、挫折を組み合わせて強引に成立させていた。でも、憧れたもののエキスは残っていると思うんだよ。だからELLEGARDENのような抜けのいいサウンドがあって、そこに言葉があって、音に言葉を乗せきらないという新しいスタイルが生まれたんじゃないかな。無意識にそれぞれのいいところだけを取っているんだと思う。自分では「無理だった」と引き返しているつもりでも、むしろ「自分には、これはいらない」と捨てている。自分に必要ないものがわかっているんだよ。椎木は自分のことがちゃんとわかっている。

椎木 いや、ほんとそんな人間じゃないんで……マジで何もできないです。

尾崎 とか言いながら、自分がどう見られているかを明確にわかっている。初めて会った時から「ちゃんとわかっている」と思ってたよ。それは決して嘘をついているということではなくてね。

椎木 そうなんですかね……でも本当にそんな人間じゃないんで……。

尾崎 それも才能だと思うんだよ。そんな人間じゃない、というのは俺も思うことがある。人に評価してもらう時に「いや、全然そんなこと考えてなかったんだけどな。ただ何気なくそうしただけなのに」と思うことが。でも、案外そういうものがハマったりするんだよね。椎木には、人としてどうふるまったらいいかというセンスが天然で備わっているんだと思う。きっとそれができない人もたくさんいるから。椎木と同じことをやっても露悪的に見えてしまう人だっている。

椎木 すごく露悪的な人を見て「でも、自分もやっていることは同じかもしれない」と思ってぞっとすることがあります。恥ずかしくなる。

尾崎 それがセンスなんだと思う。同じことを発信しても、たとえば声のトーンやアクセント、間の取り方で伝わり方が全然違うよね。だから、言葉先行のバンドを真似することは難しいと思う。本質に触れられることはない気がする。世の中にはクリープハイプを意識してくれるバンドもいて、すごくうれしいけれど、よく聴いてみると全然似ていない。それは言葉が先にあるからだと思う。音先行のバンドならもっと似せられると思うんだけど。だから、そもそも根本が違うと思う。同じように、マイヘアの真似もできないと思う。最近、マイヘアの影響を受けている若いインディーズバンドが増えているけれど、みんな音で拾っているからそこまで似ていないんだよね。マイヘアを音だけで拾おうとするなんていちばんかっこ悪いことなのに。
椎木 それはそれで、ちょっとショックです（笑）。
尾崎 だってそれは手順が違うから。
椎木 尾崎さんはそうやってすごく視野が広くて、物事を俯瞰している人だと思うんです。でも一方では自分の主観もあるわけじゃないですか。主観が強いのか、それとも自分より周りを見てしまうのか、どっちですか？
尾崎 周りかな。自分をそれほどは見ていないと思う。ただ、自分があって周りが動いているし、自分の感覚に反応して他者も変化していくから、周りを見ていればなんとなく自分のことがわかる気がする。
椎木 作品をつくった時に「最高だな」と思う瞬間やナルシストになれる瞬間はないんですか？　あるんじゃないかと思って見てしまうんですけど、でも話を聞いていると意外となさそうな気も……。
尾崎 椎木にはそういうことがあるの？
椎木 音源ができた瞬間に「最高だ！」と思うことはありますし、ライブ後に「今日のライブは最高だった！」と思うことはあります。
尾崎 あ、それはある。でも、また次をやらなきゃいけないから大変だよね。やり逃げができないから。そういう意味での主観はあっても、やっぱりそこにもズレがある。めちゃくちゃいいライブだったのに、エゴサーチをしたら全然反応がないこともあるし、逆に調子が悪かった時に、今日は良かったと書いてもらっていることもある。そのズレに救われることもあるし、そんなものなんだろうなと思う。

椎木　そういうふうに俯瞰できることがすごく羨ましいんです。僕はめちゃめちゃ主観ばっかりなので、自分の視点でしかつくれないんです。周りから「きっとこうやったらこうなるよ」と言われてもあんまり想像できなくて、無理に人の言う通りにすると変な感じになっちゃうことが多くて。だからすごく根本的に自分のなかからじゅわっと出たものしか作品にできないんです。

尾崎　それが成立しているということなんだよ。悩んでいるところで成立している。「自分の根本から出たものしか作品にならない」と、まるで悩みのように言っているけれど、こっちからしたら「それでいいのに」と思ってしまう。椎木はそういう才能を持っている人なんだと思うよ。そういうズレを感じることが嫌なのはよくわかるけれど。

「邦ロック」ではなく「音楽」をやっている

椎木 尾崎さんはズレを感じているんですか？

尾崎 感じる。音楽の聴かれ方も変わってきているし。マイヘアは現時点ではサブスクを解禁していないから感じ方が違うかもしれないけれど、こっちは「届かないな」と感じることばっかりだから。十代の頃は「音楽でメシを食えるようになりたい」と思っていたけれど、今はそういうことじゃないと思うし。プロになることと、プロとしてずっと続けることは全然違う。だから今がいちばん悔しい。

椎木 僕も、メジャーデビューする前からずっと危機感があって、それは今も常にあるんです。尾崎さんはどのタイミングでいちばん強く危機感を抱きましたか？

尾崎 いちばん感じたのはやっぱり二〇一四年。あの年はレコード会社を移籍して、アルバム『一つになれないなら、せめて二つだけでいよう』の売り上げが四割くらい落ちてしまって、「ああ、終わった……」と思った。

椎木 シンプルに数字を見て、ですか？

尾崎 そう。フェスに出てもお客さんの反応でわかるし。あの年は夏フェスに出ない方針であえてホールツアーを回っていて、夏が終わり、秋が終わり、いざ冬フェスに出てみたらまったく反応がなくなってしまって。一年前にはものすごく盛り上がっていたのに「えっ、なんだこれ……」と思うくらい変わってしまった。なぜこうなったのかを当時いた周りのスタッフさんに聞いても「うーん……わかんないけど……苦しいとしか言えない」と返ってくるだけで。だからもっと自分で考えようと、この時に決意して。

椎木 フェスに出て盛り上がらなかった時に「言葉を聴いてくれてるんだな」という解釈にはならなかったんですか？

尾崎 それは肌感覚でわかる。フェスのお客さんは、ワンマンライブのお客さんとはまた違うから。

椎木 ああ、そうか、確かにそうですね。

尾崎 わかっていたつもりで、実のところわかっていなかった。あんなにショックを受けるとは思っていなくて、それがすごく恥ずかしかった。二〇一五年もその流れを引きずったままで、二〇一六年から少しずつ状況が変わり始めたけれど、それでも根本的な悩みは変わらなかったかな。

椎木 はあー、なるほど……

尾崎 決まったパイのなかで一喜一憂しているだけで、自分は「邦ロック」ではなく「音楽」をやっているつもりなのに「邦ロック」のなかでしか見られていない。いろんな反応があったとしても、それは邦ロックを聴いている人たちのなかでだけ起きていることなのが悔しい。ただ生活をすることが目標ならそれでいいのかもしれないけれど。

椎木 今の言葉、まんま突き刺さってます……。

尾崎 椎木も同じ悩みを抱えていると思うし、でも自分たちはそうじゃないと信じている部分もあるだろうし。

椎木 そうなんですよね。どこかで信じている。

あそこで気持ち良くやれていたら今は絶対にない

椎木 尾崎さんは、自分が今の「邦ロック」をつくった人だという自覚はないんですか？

尾崎 え？　ないよ、そんなの全然ない。

椎木 でも「二〇一〇年代の邦ロック」のベースをつくったのはクリープハイプだと思うん

です。

尾崎 もしそう思ってもらえているのだとしたら、それはクリープハイプが「つくった」のではなく、強いて言えば「借りた」のであって、良くない意味で「伝統を受け継いだ」んだと思う。だって「邦ロック」をつくったバンドは今、ドームでライブをしているでしょ。クリープハイプはそうじゃないから。

椎木 うーん、でも僕は、クリープハイプは「邦ロック」を受け継いだというより、それまでその畑にいなかった人たちに言葉と音楽を届けて、もう一つの新たな場所をつくったと思うんです。それが結果的に「邦ロック」という同じ言葉で呼ばれてしまってはいるけれど、かつての「邦ロック」とクリープハイプの「邦ロック」は違うものなんじゃないかと。その違いを伝えたくて「二〇一〇年代の邦ロック」という言い方をしたんです。

尾崎 もしそうだったとしても、その家が小さいということは間違いない。家を建てた誇りのようなものはあるけれど、それと同時に恥ずかしさもあるんだよね。台風がきたらすぐに屋根が吹っ飛ぶような家だと思っている。椎木もそういうジレンマを感じない？

椎木 実はそうなんです。僕もまったく同じことを感じています。このままずっとここにいるのは嫌だと思っている自分がいるんです。特に最近は同い年や年下のバンドが毎年露骨に活躍しているので、そういうのを見ると、自分たちの音楽もああいう広がり方をするにはどうしたらいいんだろうかと考えます。壁に直面している気がしていますね。でも尾崎さんはアンテナが高くて、何事も常に早いじゃないですか。サブカルチャーという言い方は正確ではないかもしれないけど、『愛す（ブス）』のリミックス一つをとってみても仕掛けが早い。同世代や年下の売れているミュージシャンに対するものとは別ベクトルの羨ましさを感じます。それに比べ、どうして自分は何もできないのか。何をやるにしてもいつも一歩遅れてしまう。尾崎さんを見ていると、そのことをすごく感じます。

尾崎　でも椎木は、天然でやっていくという印象があるけどね。世の中の動きを見ながら、そういうものにあまり引っ張られないというか。先攻の強みもあれば後攻の強みもあって、どちらかといえば後攻でやっていくスタンスを取っているんじゃないかな。あと、二人はライブハウスというキーワードで分かれると思う。椎木はライブハウスに愛されて、ライブハウスを愛している人で、俺はライブハウスに対してコンプレックスを持っていて、そこに帰る場所がない。

椎木　帰る場所がない……。

尾崎　だからこそ頑張れているんだけど。マイヘアを見ていて羨ましいと感じるのはそこだな。でもこれも重要なことで、ライブハウスでうまくやれなかったことも自分の才能の一つだと思う。あの時に気持ち良くやれていたら今は絶対にない。

椎木　なるほど……。僕らはちょうど今ライブハウスツアーを回っているところで、ここがもともとやってきた場所だと感じるし、「マイヘアがライブハウスでやってくれるのはうれしい」と言ってくれる人もたくさんいるけど、それにすらも危機感があるんです。ここに甘えてしまったらマジで一生このなかにいる、というか……。

尾崎　最近すごく小さいところでやってなかったっけ？　八十人くらいの。

椎木　奈良の生駒にあるレイブゲイトですね。ステージがないというか、フロアライブのライブハウスです。

尾崎　俺にはそういう「フロアライブで熱を共有して勝ち上がってきた」というような体験がないんだよね。自分には絶対にできないし、悔しいし、だからこそ負けたくない気持ちが強い。フェスでもずっとひねくれた態度を取り続けていて、冷めた視点で、足を引っ掛けてでも、揚げ足を取ってでもという戦い方をしてきた。それが自分のこだわりでもあって、誰かに真似してほしいところでもあるんだよね。だって、そのスタンスが通用する場所がフェスにはあるから。

苦し紛れの一発が個性になった

椎木 でも、すごく狭い場所でライブをしたり汗をかいて熱を持って盛り上げたりすることも、演奏だけで勝負できないことへの逆張りなんです。僕はよくライブで即興をやるんですけど、あれだって、ライブをやりすぎて声が出ないし、かといって演奏力があるわけでも曲がいいわけでもないから、何かやらなきゃと思って見つけたカウンターだったんです。

尾崎 『フロムナウオン』のあの感じはいつできたの？（※My Hair is Badのインディーズ時代のデモ音源に収録された『from now on』をベースとした楽曲。ライブでは毎回ほぼアドリブで歌うため、一度として同じ歌詞で歌われたことがない）

椎木 二〇一二年か二〇一三年にインディーズでツアーを回っていた時です。「こうやって毎日回っていてもマジで意味ないな……」と思って。

尾崎 その時はもう音楽だけで生活できていたの？

椎木 いいえ、もちろんずっとバイトしてました。バイトをやめたのは二〇一六年の秋頃なんです。それまでずっと上越の居酒屋で働いていました。で、即興をやり始めたら、それがいいと言われて。というよりも、それしか良くなかったんです。他が全部ダメだったから。ライブを観たあとに、みんなあの即興しか覚えていない。その時に「これが自分の強みなんだ、むしろこれしかないんだ」と思ってやり続けることにしました。だからあれは苦し紛れの一発だったんです。声が出ないなかで何ができるか？　しゃべれるぞ。即興できるか？　とにかくやってみよう。そうやって始めたものです。初めてやったのは香川の高松にあるRIZIN'というライブハウスでした。尾崎さんはよくインタビューで「演奏だけで勝負したい。煽りたくない」と言っていますよね。めちゃくちゃよくわかるんです。「本当のことを言えばマジでそうだよ」と思いながら死ぬほど叫んでました（笑）。

尾崎　それはやっぱり、何かができないという息苦しさからきているわけでしょ？　今日話していて一貫しているのは「できない」ということだよね。それが今につながっている。俺の場合はまず単純に煽りが下手だし、体が不調になってからはライブで満足に叫ぶことができなくなってしまって。じゃあそれとは違うスタンスで勝とうと思ったところから始まっている。でも最近のマイヘアは『フロムナウオン』をセットリストから外すことが増えたよね。フェスでもやらなくなったし。それで、昔から付き合いのある先輩バンドに「最近生ぬるいライブしてない？」と言われたりもしているよね。

椎木 今、いちばんいろんな角度からいろんな人にいろんなことを言われている時期ですね。

尾崎 でも、数で言えばすごく少ないよね。重要なのは、その意見をどう受け取るか。そういう時こそ数字で考えることが大事だと思う。「この意見は、ただの1だ」と。それを100だと思わずに、どこかの中学生がファンとして「かっこいい！」と言ってくれた一言と、実績のある先輩の一言、どっちも同じ1だと思わなければいけないと思う。

椎木 金原ひとみさんが書いた『愛す（ブス）』のレビュー（https://rollingstonejapan.com/articles/detail/32864/）も1ですか？

尾崎 あれは、100だね（笑）。

椎木 （笑）。あれはすごい文章でしたよね。

尾崎 でも、本当に数字で見ることは大事だと思う。今日こうやって椎木と話してみて、「できない」ことが今につながっているんだと改めて思った。俺と椎木は根本が似ていても、持っている才能が違う。「僕はそんな人間じゃないんです」と言えば「いや、そんなことないと思うよ」と言われる椎木。それすら言われない俺（笑）。

椎木 いや、そんなことないと思います！

尾崎 俺の場合は聞かなくてもわかるから。コンプレックスに逆らって何かしてやろうと反骨心を持っている人間だって。それが、俺と椎木の違うところだと思う。同じバイト先に入ったら明暗が分かれると思うよ。俺はうまいこと楽して働いて、椎木は社員になる（笑）。

椎木 社員になる（笑）。

尾崎 この対談がただの不幸自慢にならなくて本当に良かった。あの時つらかったけれど今はこうなっていて良かったね、という対談は絶対に嫌だと思っていたから。

椎木 今がいちばん悔しいですよね。実は今回、対談のお話をいただいた時、「これってきっと尾崎さんの希望じゃないよね？　出版社の人が勝手に企画してぶつけてる感じだよね？」とかいろいろ勘繰ってしまったんですけど（笑）、個人的には「ついに！」実現した尾崎さんとの対談なので、誰が何と言おうと、こうしてお話しできてうれしかったです。ありがとうございました。

（二〇二〇年一月、東京・お花茶屋にて）

あとがき

歯磨きをした後に口をゆすいだら、吐いた水に混じっていたアーモンドのかけら。こんなものいつ食ったっけと思い返して、昼間に何気なくつまんだ一粒に思い当たる。対談相手の方にとっての、せめてそれぐらいになれればという気持ちでこのタイトルをつけた。そんな連載がこうして本になったということが、とてもうれしい。

人と会って話す。そんな当たり前が珍しくなった今、改めて振り返ると、この七つの対談はかけがえのないものだ。

インタビューを受ける時、対談をする時、周りに人が多いと気が散ってしまう。たとえ相手にだけ向けていても、そこに五人いたら五人分、十人いたら十人分に、その言葉が薄まってしまう気がする。

そんな自分のわがままで、すべての対談は、ライターを含めた三人だけで行われた。回を追うごとに緊張は増した。会いたかった人に会う。面と向かって投げかけた言葉が返ってくる。それはこの上ない喜びだったし、恐怖でもあった。対談中は時間がぐにゃぐにゃと形を変えた。長かったり短かったり、どちらが良い悪いではなく、その都度それぞれの集中があった。決められた時間を残してインタビューを終えるのは相手に失礼だと思いながらも、途中で満足してしまいそうになった。これ以上深く入って行けば、図々しいと思われて嫌われるんじゃないか。

そうやって変な自意識に引っ張られるたび、徒競走でビリにならないのがわかった途端、今度は一位になるのが怖くなってスピードを緩める、そんな少年時代を思い出した。

人見知りという言葉が嫌いだ。普段から、絶対に使わないようにしている。人見知りだなんて言えば、私も人見知りなんですなどと、お互いに気を許しあって仲良くなってしまいそうだから(これが本当の人見知りです)。

家に帰って歯磨きをした。口をゆすいだら、吐いた水に何かが混じっている。さっきまで歯に詰まっていた「人見知り」だった。せっかく取っても、どうせまた人に会えば詰まるだろう。そもそも、あの緊張感がなければつまらない。人見知りが人身知りになって、また人見知りに戻る。

自分はただ話をしていただけで、それをまとめたライター山田宗太朗の苦労は計り知れない。あちこちに飛び散った自分の言葉を、ほとんど差異なく、それどころかより綺麗にすくいあげてくれた。

いつも柔らかそうな彼のあの手は、赤ちゃんみたいでかわいい。二年前、朝日新聞出版での最初の打ち合わせ、胃腸炎でなかなかトイレから出られず這うようにして会議室に戻った時、脂汗をかいてうずくまる自分の背中をさすってくれたのもあの手だった。

あれは本当にありがたかった。

コロナ禍の五月　尾崎世界観

本書は『小説トリッパー』2018年夏号から2019年秋号に連載されたものに、加筆・修正を加えたものです。

装丁　佐藤亜沙美
写真　南　阿沙美
構成　山田宗太朗

加藤シゲアキ（かとう・しげあき）

1987年7月生まれ。青山学院大学法学部卒業。2003年9月、NEWSを結成。12年1月、『ピンクとグレー』（KADOKAWA）で作家デビューを果たす。著作に『傘をもたない蟻たちは』（KADOKAWA）、『チュベローズで待ってる』（扶桑社）、『できることならスティードで』（朝日新聞出版）など多数。

神田伯山（かんだ・はくざん）

1983年、東京都生まれ。講談師。日本講談協会、落語芸術協会所属。2007年、三代目神田松鯉に入門「松之丞」。12年、二ツ目昇進。20年2月11日、真打ち昇進と同時に、六代目神田伯山を襲名。数々の読み物を異例の早さで継承。持ちネタの数は150席を超え、独演会のチケットは即日完売。テレビやラジオ、雑誌といったメディアを席巻し、講談普及の先頭に立つ活躍をしている。著書に『絶滅危惧職、講談師を生きる』（新潮文庫）、『神田松之丞 講談入門』（河出書房新社）などがある。

最果タヒ（さいはて・たひ）

1986年生まれ。中原中也賞、現代詩花椿賞などを受賞。主な詩集に『死んでしまう系のぼくらに』『夜空はいつでも最高密度の青色だ』（2017年映画化）、『恋人たちはせーので光る』（すべてリトル・モア）、エッセイに『きみの言い訳は最高の芸術』（河出書房新社）、『「好き」の因数分解』（リトル・モア）、小説に『十代に共感する奴はみんな嘘つき』（文藝春秋）などがある。

金原ひとみ（かねはら・ひとみ）

1983年生まれ。2003年『蛇にピアス』（集英社）ですばる文学賞を受賞しデビュー。04年、同作で芥川賞を受賞する。10年『TRIP TRAP』（KADOKAWA）で織田作之助賞、12年『マザーズ』（新潮社）でドゥマゴ文学賞を受賞。主な著書に『持たざる者』（集英社）、『軽薄』（新潮社）、『アタラクシア』（集英社）、『パリの砂漠、東京の蜃気楼』（ホーム社）ほか。

那須川天心（なすかわ・てんしん）

1998年、千葉県生まれ。5歳から極真空手を習い始めてメキメキと実力をつけ、小学校5年生でジュニア世界大会で優勝。小学5年生でキックボクシングに転向、2014年58秒でKOという快挙を成し遂げ衝撃のプロデビュー。史上最年少16歳でRISEのバンタム級王座を獲得、全試合KO勝ちでBLADEトーナメント優勝、17歳で世界王座獲得。その後も天才的なセンスとテクニックでほぼ全ての試合でダウンを奪い、そのKO率の高さから、「神童」「キックボクシング史上最高の天才」「ライトニング・レフト（稲妻の左）」などと称されている。

尾野真千子（おの・まちこ）

1981年生まれ。97年、16歳で映画『萌の朱雀』主演で女優デビュー。2011年NHK連続テレビ小説『カーネーション』のヒロインを演じる。ドラマ・映画の出演多数。20年NHK大河ドラマ『麒麟がくる』では諸国を巡る旅芸人一座の女座長、伊呂波太夫を演じる。

椎木知仁（しいき・ともみ）

新潟県上越市にて結成された3ピースロックバンド「My Hair is Bad」のボーカル&ギター。結成当初から楽曲すべての作詞を担い、バンドと並行して弾き語りでの活動も行っている。1992年生まれ、うお座のAB型。好きな食べ物はウナギ。

尾崎世界観（おざき・せかいかん）

1984年、東京生まれ。4人組ロックバンド「クリープハイプ」のボーカル・ギター。多くの人から言われる「世界観が」という曖昧な評価に疑問を感じ、自ら尾崎世界観と名乗るようになる。2012年、アルバム『死ぬまで一生愛されてると思ってたよ』でメジャーデビュー。14年、18年に日本武道館公演を行い、シーンを牽引する存在に。男女それぞれの視点で描かれる日常と恋愛、押韻などの言葉遊び、そして比喩表現を用いた文学的な歌詞が高く評価される。16年に刊行された半自伝的初小説『祐介』は、「アメトーーク！」で読書芸人大賞の一つに選ばれるなど、大きな話題となった。

身のある話と、歯に詰まるワタシ

２０２０年６月30日　第１刷発行

著　者　尾崎世界観
発行者　三宮博信
発行所　朝日新聞出版
〒１０４－８０１１
東京都中央区築地５－３－２
電話　０３－５５４１－８８３２（編集）
０３－５５４０－７７９３（販売）

印刷所　中央精版印刷株式会社

Published in Japan by Asahi Shimbun Publications Inc.
ISBN 978-4-02-251687-9